倫理學是什麼

What Is Ethics?

何懷宏◎著

目 錄

1. 倫理學的對象與問題

「……頭腦並沒有丟失，而是在頭腦裏裝著的東西遺失了。……」

「你說的是什麼，米卡？」

「思想，思想，就是說這個！倫理學。你知道倫理學是什麼？」

「倫理學麼？」阿遼沙驚異地說。

「是的，那是不是一種科學？」

「是的，有這樣一門科學，……不過……說實話，我沒法對你解釋清楚那是什麼科學。」

杜斯妥耶夫斯基《卡拉馬助夫兄弟》

杜斯妥耶夫斯基（1821-1881）是一位偉大的俄羅斯作家，同時也是一位文學界的偉大思想家和提問者，他以其熱烈的眞誠、敏感和才華，在其作品，尤其是後期的長篇小說《罪與罰》、《群魔》和《卡拉馬助夫兄弟》中提出了有關現代人的道德狀況、價值追求和精神信仰的根本問題。這些問題今天仍然可以說是「懸而未決」，刺激著我們參與其中，進行緊張的思考和對話。

「倫理學是什麼？」當這個問題出現在我們心裏時，我們不妨再問一下自己：爲什麼這個問題會出現在我心裏，我爲什麼會關注倫理學？這樣一種向更深層次的追問也是很接近於一種哲學反省的方式的。

一般說來，關注這一問題的動因主要來自兩個方面：

第一，我可能是碰到了一些使自己感到相當困擾而又緊迫的實踐問題：例如我不知道在某種特殊情況下是否要說出自己所知道的事情的眞相，或者當遇到不公正的對待時我可以採取什麼方式應對等等。有時則是我做過了某件事情，這件事引起他人的非議，自己心裏也開始感到極度不安和焦慮。在這樣一些時候，我就可能迫切地想尋求一些或許可以幫助我理清這些問題的指導或借鑒。本章標題下所引杜斯妥耶夫斯基《卡拉馬助夫兄弟》中人物米卡所提出的「倫理學是什麼」的問題，也就是出自這樣一種實踐的焦慮。

第二，我可能是對這門學科有興趣，由於職業、學科關聯或純粹知識上的好奇心，我很想知道一些這方面的知識，尤其是後一種單純的好奇心彌足珍貴，始終保有這樣單純的知識興趣的人是心靈永遠年輕的人，也是幸福的人，那怕他們垂垂老矣。例如蘇格拉底被判死刑之後仍然在獄中學習作詩，在學習彈奏七弦琴，在就死當日也仍然在討論哲學。古希臘的哲人，尤其是第一批哲人，也都表現出一種對於世界的強烈而單純的驚異和好奇，他們被稱爲「孩子」，古希臘的哲學被稱爲「哲學的童年」不爲無因。

我們可以把第一種關注稱作實踐的焦慮，把第二種關注稱作知識的興趣。這兩個方面自然是有聯繫的，人們經常是受到實踐問題的刺激，然後試圖用概念、理論去把握這些問題，倫理學也就這樣發展起來了，並反過來影響著社會。本章以下部分乃至整本書的敘述也會始終試圖注意這樣兩個方面，即一方面是現實的道德問題和困難，是對個案和例證的分析，另一方面是陳述一些概念、觀點和理論。我們甚至可能得經常在問題、現象、例證與概念、知識、理論之間切換。我們下面就先以杜斯妥耶夫斯基的作品爲例，來分析一下現實生活中人們對於倫理道德的兩種態度，再來分析一下「倫理」與「道德」這樣倫理學中的兩個基本概念。

1.1 對待道德問題的兩種態度

杜斯妥耶夫斯基的最後一部、幾乎可以視作是他的「思想遺囑」的長篇小說《卡拉馬助夫兄弟》全書圍繞著「弒父」這一案件展開：老卡拉馬助夫荒淫好色；他的長子米卡曾出於激情和鄙視，揚言要殺死自己的父親；次子伊凡則爲上述問題苦惱，成天琢磨一種實際上將使殺人——那怕是弒父——合法化的理論；生活在底層的私生子、怨恨的斯麥爾佳科夫在這種理論的影響下眞的這樣幹了；從而使最小的兒子、純潔的阿遼沙想阻止這一悲劇發生的努力終歸無效。

小說中的米卡不是學者，不是思想者，而是充滿行動激情的人，他是迷亂的、狂熱的，其激情有時可能引發極其高尚無私的行爲，有時又可能導致極其狂暴傷人的行爲。他常常無意識地在善惡之間奔突，憑激情有時做出好事，有時又做出壞事。他平時不怎麼思考，不怎麼反省自身，然而，在經歷了一個驚心動魄、他差點殺死一個人、又把別人的錢揮霍一空的夜晚之後，當他被當作弒父的嫌疑犯被逮捕——因為他確曾說過威脅父親的話，而在其父親被殺的那天晚上，他又確實在現場出現過，並打了他們家的老僕人——之後，他開始感到了道德的沈重份量，開始感到了道德和宗教永恒之罰的可怕力量——而法律懲罰的力量還遠在其次，他甚至覺得這種懲罰對於道德上的新生是必要的。他開始眞正痛苦和深入地反省自己的行爲，他覺得自己明白了不僅做一個卑鄙的人活著不行，連作爲一個卑鄙的人而死也是不行的。在開審的前一天，他對即將對自己的開審及判決結果卻並不關心，而是想跟阿遼沙說「最主要的問題」，這時他提出了「倫理學是什麼」的問題。

米卡後來又一次向阿遼沙追問：「歸根結底道德是什麼？」「道德是不是都是相對的？」他說：「這眞是叫人撓頭的問題！我要是對你說，我爲這個問題兩夜沒睡著，你不要笑！現在我奇怪的只是人們在那裏生活著，卻一點也不去想它。」

米卡以前也只是活著而不去想它，但在碰到如此嚴重的困境，被拋入一種邊緣處境之後，他卻再也不能不想了。他的弟弟伊凡·卡拉馬助夫也經歷了類似的折磨，伊凡在父親被殺後感覺到有一個魔鬼在逗弄他，那魔鬼說：「良心！什麼是良心？良心是我自己做的。我爲什麼要受它折磨？那全是由於習慣。由於七千年來全世界人類的習慣。所以只要去掉這習慣，自己就能變成神了。」而伊凡承認，那魔鬼就是他，就是他自己，就是他身上「全部下流的東西，全部卑鄙、下賤的東西」。而他心中實際又良知未泯，以致阿遼沙憐惜地望著兄長：「他眞把你折磨苦了！」

我們可以在人們的生活中發現兩種對於道德問題或者說對於倫理學的態度。一種是上述反省的態度，正是這種反省的態度直接推進了倫理學的思考，因爲倫理學其實也主要就是對於道德問題的哲學反省。還有一種則是不反省的態度，它對倫理學持一種冷淡或者無視的態度，但它有時也從反面對倫理學構成刺激和挑戰，從而也間接地促進了倫理學的發展。

我們這裏要把這種不反省的態度與日常生活中的道德習慣區分開來。我們平時常常也只是習慣地遵循道德風俗和法律，並且在確實還沒有遇到令人困擾的問題時，一般不會進入對道德問題的反省，即根據習慣、不假思索地行動而仍大致不逾規矩。所以，這種「不反省」常常只是暫時的。而我們在此所指稱的一種「不反省」則是指有自己的一定之見——如個人對道德持一種完全相對主義或虛無主義的固定態度，或者同時伴有一種極端利己或享樂主義的觀點，內心也不再有任何焦慮和廉恥之心，對道德思考、從而也對研究道德的倫理學持一種完全拒斥的態度。例如老卡拉馬助夫就如此向其幼子陳述他的生活哲學：他說他就願過他那種「齷齪生活一直過到底」，因爲「過齷齪生活比較甜蜜」；說大家咒罵這種生活，可是誰都在過這種生活，「只不過人家是偷偷地，而我是公開地。正因爲我坦白，那些做齷齪事的傢伙就大肆攻擊起我來了。」至於以後的天堂、地獄，他也不怕，因爲照他的看法，人「一覺睡去，從此不醒，就一切都完了」。這是一種主要基於個人享樂主義觀點的「不反省」，還有一種「不反省」則可能是基於群體的觀點，盲目或狂熱地相信某種宗教教義或政治教條，從而同樣失去了自己的道德反省和獨立思考能力。

「不反省」有時還由於一種思想上的懶惰或惰性。思考和反省是需要作出努力、需要付出代價的，它絕不輕鬆，至少在一段時間裏常常還不怎麼愉快，所以我們有時會儘量迴避它。但是，對於自己所經歷的一些重大的、具有道德意義的事件進行反省還是很有必要的，這涉及到我們願意做一個什麼樣的人來度過自己的一生，涉及到我們是不是能夠不斷調整自己至少不犯同樣的錯誤，以及我們是不是最終能獲得一種平和、寧靜的心境——這種寧靜實際上是構成我們幸福的一個最重要部分。在柏拉圖的《理想國》開篇，一個老人曾以自己的切身體驗對蘇格拉底說：「當一個人想到自己不久要死的時候，就會有一種從來不曾有過的害怕纏住他。關於地獄的種種傳說，以及在陽世作惡，死了到陰間要受報應的故事，以前聽了當作無稽之談，現在想起來開始感到不安了，偏偏說不定這些都是眞的呢！不管是因爲年老體弱，還是因爲想到自己一步步逼近另一個世界了，他把這些情景都看得更加清楚了，滿腹恐懼和疑慮。他開始捫心自問，有沒有在什麼地方害過什麼人？如果他發現自己這一輩子造孽不少，夜裏常常會像小孩一樣從夢中嚇醒，無限恐怖。」這裏是從超驗之維的角度談到了道德反省的義務論涵義，至於一種更廣義的、反省的價値論涵義，我們則可從蘇格拉底的一句名言得知：「未經反省的人生不値得活。」

1.2 「倫理」與「道德」概念

對於「倫理學是什麼」的問題，簡單地講，我們可以像說物理學、地理學、心理學等許多學科一樣，顧名思義，倫理學就是研究「倫理」，或者說研究「人倫之理」、「做人之理」，我們可以以這個最初步的定義作爲我們的出發點，由此我們可以看到倫理學也是人文學科的重要一支，即倫理學是有關人與人關係的學問，因爲，「倫」的本義也就是「關係」或「條理」，古人說的「五倫」，也就是指人與人的五種主要關係，或者說條理，即所謂「五常」或「綱常」。在古代，這種關係還特別指親屬關係，「五倫」的主體是親屬關係，所以人們也會說享受親情的快樂是「天倫之樂」，而破壞這種關係的一種罪行則爲「亂倫」。但人之倫、人之理也可以說有其他方面的內容，廣義的「人理學」或「人文學」大概不僅要包括所有人文學科，甚至還要包括社會科學諸學科，而我們已經習用的「倫理學」顯然並不是研究人的全部道理的，那麼，「倫理學」是有關人的道理的哪一部分呢？它是一門什麼樣的學科呢？

在此，我們先要指出一個與「倫理」相近的概念，一般的教科書也更是經常如此給出另一個初步的定義：倫理學就是研究道德的，倫理學的研究對象就是道德，「道德」與「倫理」這兩個概念，無論是在中文裏面，還是在其西文的對應詞裏面，一般並不做很嚴格的區分。它們都是關乎人們行爲品質的善惡正邪，乃至生活方式、生命意義和終極關切。因而，以道德爲自己的研究對象的倫理學，也就是關於這些問題的種種說法和道理的一門學問。當然，至此這定義還是很空洞，幾乎什麼也沒有說明，必須做出具體的分析。

我們在此有必要區分作爲對象活躍地存在著的道德現象和對這一現象的思考和研究。我們還是先從概念入手。「倫理」與「道德」這兩個概念大致相同，經常可以互相換用，但是，無論在日常用法還是在其語源和歷史用法中，還是有一些變化和差別，觀察這些變化和差異，將有助於我們較深入和全面地理解倫理學的研究對象。

比方說，在我們日常生活中對「倫理」、「道德」的使用中，我們會說某個人「有道德」，或者說是「有道德的人」，但一般習慣不會說這個人「有倫理」，是「有倫理的人」；而另一方面，我們一般都用「倫理學」、甚至可直接用「倫理」來指稱這門學問，而較少用「道德學」來指稱。換句話說，在日常用法中，如果我們細細體會，會發現「道德」更多地或更有可能用於人，更含主觀、主體、個人、個體意味；而「倫理」更具客觀、客體、社會、團體的意味。這兩個詞的歷史用法中大致也是這樣，它們的古今用法比較趨於一致。即便在儒家那裏，傳統「道德」概念本身也含有較濃厚的自我主義和強調主體觀點的痕跡，尤其是「德（得）」字。在某種意義上，「道德」即是「使道（道理、道義、原則之類）得之於己」，「道德」也就是「得道」。

當然，我們在學科的理論形態方面還要遇到一些困難，即在中國歷史上，雖然很早就出現了「道德」、「倫理」這兩個詞，如《禮記・樂記》說：「樂者，通倫理者也。」又《禮記・曲禮》說：「道德仁義，非禮不成。」《莊子・刻意》說：「恬淡寂寞，虛無無為，此天地之平而道德之質也。」《韓非子・五蠹》也說：「上古競於道德，中世出於智謀，當今爭于氣力。」但這些地方所用的「倫理」和「道德」並不是固定常用的倫理學概念。在中國古代，在「倫理」這一面，被更多地使用的近義詞是像義、理、倫、人倫、倫常、綱常、仁義、天理等詞；在「道德」這一面，更常被使用的近義詞是像道、德、仁、仁愛、德性、德行、心性等詞。只是到了中國的近代，「倫理」和「道德」才成為固定和基本的倫理學概念，並且分別和西文中的詞有了約定俗成的聯繫，如「倫理」一般對應於英文中的"ethic"、"ethics"，「道德」一般對應於"moral"

或"morality"。但兩者又不是也不可能完全對應，尤其是涉及到各自的語源和使用歷史的時候，這樣，理解兩者有時就會帶來一些困難，容易使人混淆，我們要細加辨析。

"ethics"（倫理）是源自希臘文的"ethos"一詞，"ethos"的本意是「本質」、「人格」；也與「風俗」、「習慣」的意思相聯繫，而亞里士多德大概是第一個在嚴格的術語意義上使用「倫理學」（ethics）的人，由於他，倫理學才明確地成爲一門有系統原理的、獨立的學科。後來羅馬人用"moralis"來翻譯"ethics"，介紹這個詞的西塞羅說這是「爲了豐富拉丁語」的語彙，它源自拉丁文的"mores"一詞，原意是「習慣」或「風俗」的意思。

黑格爾區分「道德」與「倫理」的用法。他認爲，「道德」與更早的環節即「形式法」都是抽象的東西，只有「倫理」才是它們的眞理。因而「倫理」比「道德」要高，「道德」是主觀的，而「倫理」是在它概念中的抽象客觀意志和同樣抽象的個人主觀意志的統一。

哈伯瑪斯認爲，現代實踐哲學有實用的、倫理的與道德的三種不同的應用或實踐觀點，它們分別對應於三個不同的任務：即有目的的、善的和正義的。而現代實踐哲學也有三個主要的源泉：即功利主義、亞里士多德倫理學和康德道德理論。他看來傾向於認爲，他的「話語倫理學」是試圖達到這三者的一個新的綜合的嘗試，即達到一個甚至比黑格爾範圍更大也更恰當的綜合。但我們在此要注意，這裏善、價値是與「倫理」的概念掛鉤，而義務、正義是與「道德」的概念掛鉤，這與中國對這兩個概念的一般用法是不太一樣的。

總之，東西方學者對"moral"（道德）與"ethics"（倫理）

的解釋的歧異，反映出哲學家們的不同趨向，這種不同趨向的一個極重要差別是更強調主觀還是客觀、內在還是外在、個人還是社會。這種差別往往會決定各種倫理學理論的不同走向。雖然並不一定要透過區分和辨析這兩個概念來顯示差別，但這種對作爲倫理學研究對象的概念的辨析，還是將有助於我們瞭解這種分野。「倫理」可以是低層次的、外在的、類似於法律、「百姓日用而不知」的東西，但也可以是高層次的、綜合了主客觀的、類似於家園、體現了人或民族的精神本質的、可以在其中居留的東西。它連接內外，溝通上下，甚至在凡俗和神聖之間建立起通道。下面我們在使用這兩個概念的時候也會稍稍有點差異，當表示規範、理論的時候，我們較傾向於用「倫理」一詞，而當指稱現象、問題的時候，我們較傾向於使用「道德」一詞。

不過，一般說來，「道德」與「倫理」大多數情況下都是被用作同義詞的。它們有微殊而無迥異。除了在某些哲學家那裏之外，這對詞在後來的用法中也更多地是接近而不是分離。無論如何，兩個概念的趨同還是主流，我們在日常和理論上的使用也基本上還是大致可以遵循這一主導傾向。

1.3 道德現象的一個實例

以上是討論兩個最基本的概念，那麼，什麼是作爲倫理學研究對象的道德現象呢？在現實生活中，我們在什麼情況下感到我們涉及到了道德？我們可以從一個道德實例中引申出倫理學的一些重要概念。現在就讓我們一起來考慮「偷錢爲哥哥繳學費」這樣一件眞實的案例：

偷錢為哥哥繳學費的弟弟叫章宏剛，河南人，他看父母為了供他們三個孩子上學歷盡辛苦，十六歲時決定先讓哥哥讀書，自己退學打工補充家用。一九九八年哥哥章宏濤在鄭州復讀的一年裏，母親替人家包餃子，父親賣報紙、看自行車，弟弟掛廣告牌、當業務員，全家人含辛茹苦來支持哥哥。

一九九九年八月，章宏濤終於接到華東理工大學錄取通知書，但九千元學費沒有著落。回到鄉下老家，賣地賣豬，東拼西借，到章宏濤九月九日出發時，也只湊起了五千元。父親九月七日中午，給在鄭州的章宏剛打了個傳呼，說哥哥上學還差著錢，而明天就要上路了，章宏剛那天晚上正好看到從外面收款回來的同事小徐在宿舍點錢，他想想不敢偷，想想又缺錢，打工掙錢又很難，反覆想，還跑到樓頂上睡覺，想了幾個小時還是決定從人家床頭把錢偷走。他心裏是想拿到錢讓哥哥先應急用，然後再還，皮包裏面有四萬五千多元現金。

九月八日清晨，鄭州管城區公安局接到報案，十號三名警察就到了上海，據哥哥章宏濤回憶，他們和自己是前後腳到的。「十幾個小時，就讓我一個人待在一間屋子裏，也不說弟弟到底犯了什麼事，我連和父母商量一下都不可能。他們讓我呼弟弟到上海，他們說，如果弟弟成了在逃犯，就毀了他一輩子。」章宏濤最後打了傳呼。

接到傳呼，九月十二日，章宏剛裝著給哥哥繳學費用的一萬塊錢到了上海，直奔哥哥剛剛入學的華東理工大學。等待他的卻是一張警察佈下的恢恢法網。此後，直到二〇〇〇年六月三十日開庭，他才見到了用傳呼把自己騙至上海的哥哥。那時章宏剛早就不恨哥哥了，但他承認，被抓住的那一刻是恨的，「千里迢迢到上海來送錢，結果竟然就這樣！」那時候，他沒有見到哥哥，連聽哥哥解釋的機會都沒有。

「弟打工，掙錢供哥度寒窗；哥及第，揮淚送弟入牢房」，這樣的標題赫然出現在一九九九年十月十九日的河南《大河報》上。章宏濤驟然感到巨大的壓力，他在電話中坦率地告訴記者，「最初連同學都不知道這事，我跟學校說了，弟弟是未成年人，我一手把弟弟給送進了監獄，我沒法面對這件事，希望不要把這事說出去。但報導出來後，記者來得太多了，校方開始都是幫我把記者往外擋，後來擋也擋不住。」

很多人是站在了弟弟的一邊。弟弟的付出和偷錢時的動機，讓人們感動的同時也忽略了他的罪行。「很多人都在議論這件事。我有一次很偶然到一個網站上看了看，發現那裏大家都在罵哥哥，罵我狼心狗肺，罵得十分激烈，我一夜都沒睡著。」章宏濤苦笑道。有人說，哥哥完全可以不與警察合作，另尋機會勸弟弟把錢偷偷地送回去；還有人說，投案自首也比把弟弟騙來讓警察逮捕歸案要好，最起碼量刑要輕……章宏濤也知道，一旦判刑重些，弟弟在牢裏好幾年，不僅弟弟被毀了，自己也一輩子無法原諒自己。「其實面對那麼多錢，如果是我弟需要，我也會動心的，只不過我懂法律，有自控力，不會那麼做。但弟弟太天真了。」

二〇〇〇年六月三十日的審判庭上，管城區法院為章宏濤和他的父親設置了一個特邀席。在看守所羈押近一年的章宏剛與哥哥四目相對。哥哥第一次親耳聽到弟弟一念之差下偷錢竟是因自己的學費而起，七月六日，法院宣判，「判章宏剛有期徒刑三年，緩刑四年執行，處以罰金五千元」。

結果讓章宏濤一家人大喜過望。消息傳到上海，一直關注此事的人都激動不已。這個結果，也讓爭論持續。在《河南日報》社停留的一天裏，記者們論及此事，看法各異。有的說：「如果不是因為案子是管城區少年法庭審的，根本不會有這麼好的結果，管城區少年法庭是全國的優秀法庭，量刑的時候才認真地考慮了到底哪種方式對未成年人的將來有利。」也有的記者說：「對個人倒是挺有利了，可是這樣判刑的結果不是有點視法律為兒戲嗎？對整個社會，對被害人公平嗎？」還有些記者意見更為尖銳，認為：「法律不能因為動機善良就忽視事實結果。感人的故事多了，多少迫於無奈偷盜、搶劫的人都有特別讓人同情的理由，但是犯法就是犯法，否則誰都可以打著高尚的幌子公然犯罪。法律必須有起碼的界限！」《大河報》的記者胡揚則相信，「如果不是媒體的介入，章宏剛肯定是要判實刑。」

作為管城區法院的副院長，王琦的態度倒是很坦然，「我們的判決對於章宏剛的犯罪原因的考慮微乎其微，關鍵他是未成年人，又是初犯，一時起意。據我們調查，他一直是個聰明、從小學習很優秀的孩子，只是父親的教育形式太單一，對社會現實、個人價值都缺乏認識，就知道要好好學習、將來出人頭地，這就造成了章宏剛的逆反心理，對挫折的承受力不夠。但是這一家的態度都說明，他的家庭監護條件較好，能夠起到正面幫教的作用。」面對未來，章宏剛自信而態度清晰，他語氣輕鬆地說，「周圍的人肯定還會指指點點，可我不會管別人說些什麼。以前我對家人的教育總是聽不進去，老覺得憑著自己的聰明，不讀書也能當大老闆、做大事，這次經歷挽救了我一生。看到爸爸媽媽一下蒼老了那麼多，無論如何也不想讓他們再為我操心了。」他準備在二十六號回鄭州。在華東理工大學住著的這幾天，他已經決定，回家後補習英語、上高中，像他哥哥一樣考名牌大學。

記者一直等到二十三點一刻，章宏濤仍未從打工的肯德基回來。第二天早晨八點，記者與章宏濤通話。他態度平和，對於在肯德基從中午十一點忙到晚上十二點的生活沒有怨言，章宏濤告訴記者，利用假期，他希望能掙出學費，掙出罰金，掙出弟弟上學的錢……當然他打工一個月掙的錢是五、六百塊，銀行的貸學金由於找不到有力度的擔保人，他還申請不到……「我只能盡力去做，該做的一定要做，不管結果如何。父母就那麼多能力了，你能讓他們做什麼？弟弟為我付出那麼多，也是我要為他付出了。」

七月二十二日，記者在鄭州兒童醫院見到章宏濤的父母。他們住在住院部一層的樓梯下。一張單人床，兩口破鍋，三四個爛洋蔥頭，桌上擱著吃剩下的小半盆涼菜，不時有蒼蠅舞動。在這個瀰漫著氨水味、人來人往的樓梯口，他們棲身於此。兩人的生活來源全靠李秀英為醫院當清潔工掙得的每月三百塊錢。

他們在這裏等待著。五千塊罰金只繳了八百塊錢，九月又是章宏濤繳第二筆學費的時候。管城法院從輕處罰的決定為他們的絕望與恐懼帶來極大的安慰，但緩刑期間，章宏剛何去何從，法院要求有切實可行的安排。

在採訪結束之際，章宏濤的父親問了記者一個問題：「新聞媒體說半天，有什麼用沒有？華東理工大學也不說減免學費，也沒有學校肯接收弟弟入學，讀個鄭州的高中贊助費都要一兩萬，能不能說說，最起碼給我們一個正常收費？誰能幫一下啊？」

記者回想鄭州此行，有兩個人的話說得最耐人尋味，一是管城區法院年輕的審判長管煒所言：「現在這種情況，收這麼高的學費，又沒有其他社會保障措施，連我們的家庭都沒法承受，農村的聰明孩子就更沒出路了。」《大河報》特稿部主任劉書志在聽說章宏剛去往上海之事時，不勝唏噓，「哎！我幹了二十年的新聞，倒有些糊塗了，這新聞很無理啊！我們所炒的熱點，在人類進程中到底有多少是有意義的事情？」

（《三聯生活周刊》，二〇〇〇年八月二十八日，有整理和刪節，主人翁的姓名做了變動。）

以上這個例證不是一個簡單的偷竊案，而可以說是情況比較複雜，甚至一波三折，最後的評價也還是在一些方面眾說紛紜。它涉及到目的與手段、個人責任和社會責任、法律與道德、司法與輿論、道德法紀教育與社會制度保障等種種問題，是非並不是一目瞭然，三言兩語就可以說清楚，但這反而使這一例證富有分析和體驗的價值。你自己可以設身處地，假設你就是其中的弟弟或哥哥，或者是警察、法官或者記者，想像一下你自己在這樣的情勢下你會怎麼做，你可以透過這樣一個例子來感受一下道德現象的複雜性。

對這樣一件事我們是可以從多方面去觀察的，可以從道德的觀點去看，也可以從法律的觀點、認識論的觀點、技術的觀點，甚至審美的觀點去看。比如說，你可以從這件事情的因果、是偶然的還是必然的、偷竊行爲從技術上做得高明還是笨拙、最後的量刑從法律上看是否恰當和準確等角度去看這件事。也就是說，同一個行爲可能是道德行爲，也同時是法律行爲、技術行爲、審美行爲等等，這有賴於我們是從什麼觀點來看這件事。而從不同的觀點，對同一個行爲可以做出不同的乃至完全相反的評價。比如說在這個案件中弟弟的偷錢，從技術上顯然是笨拙的，作爲同屋人，很容易就會被發現和抓住。而對一件打開銀行保險箱的盜竊案，也許它從技術上說是相當高明的，盜竊者甚至作出這一竊案主要不是爲了錢，而是將之作爲一種技巧甚至藝術，使我們對這一技術也不能不作出「高明」的正面評價，但是，從道德的觀點看，盜竊就是盜竊，就是一種惡，而不論其技巧如何高明。同樣，對那些製作出精巧的電腦「病毒」的人也可以作如是觀。

總之，我們要記住，並沒有一種單純的、僅僅是道德行爲，其他什麼也不是的道德行爲。而且，我們日常生活中大量的行爲如穿衣吃飯都不是道德行爲。一般來說，一個行爲被實施了，並造成了對他人生命和社會利益的損害，它就可以從道德上被評價，就成爲一種道德行爲，它不僅包括行爲的過程，也包括行爲的後果，它是可以被他人從外部觀察的。而這一行爲過程又還有內在、主觀的一面，如盜竊者行動前的緊張思考，就可以視之爲是一種個體內心面臨的道德選擇，我們當然不能完全復原他的心理過程，但有時還是可以透過他的供述、日記以及過去我們對人的觀察和自我反省略知一二。伴隨此事件的還有大量複雜的心理活動，例如他的同學、兄弟、父母的種種感情和心理活動，以及表現這些心理和思考的議論、評介和媒體的報導、討論等等，這些就構成了廣泛的道德評價，而這一事件及其評價也許還構成一種思想理論的刺激，從中引申的某些道德概念和觀點甚至可能變成後來學者的一個重要的思考起點，因爲倫理學也以自身爲研究對象，以自身的概念、理論及其歷史爲研究對象。

在上述案例中，當弟弟得知哥哥無錢繳學費，而又恰好遇到同屋者有錢而輾轉反側時，可以說面臨一個道德選擇，而他的哥哥在巨大的壓力下決定是否要打傳呼騙弟弟來時，也可以說是面臨一個道德選擇。這種道德選擇的特點就是主體面臨一種類似道德困境的選擇，即他要做的兩件事都有相當的合理性或正當性，而他只能做非此即彼的選擇，而不能同時兼顧。他的內心此時經歷著相當程度的焦慮、緊張，做過後即便比較說來是對的也還是會有不安，做了錯事之後則更是經常伴隨著內疚和悔恨，這種在其內心起作用的道德意識我們也可稱之爲「良心」。而這件事報導出去之後，法庭判決之後則都引起了廣泛而歧異的道德評價，到最後也還有一些困惑仍然留存，甚至更耐人尋思。

總之，道德現象就可以說是這種種行爲過程、結果、心理活動、思想觀點的綜合，它不僅包括行爲的外在和內在的方面，包括實際地影響到他人、自我和社會的方面，還包括當事人和旁觀者對行爲的認識和反省。

1.4 有道德、非道德和不道德

道德是我們生活中眞實存在的現象，稍加用心，我們每個人都可以觀察、感覺和體會到這種現象，我們有時甚至就是其間的當事人，欲避無地、欲罷不能。但是，我們感覺到了它們，並不等於我們就清醒地認識了它們，而世界也就是一個現象的世界，所以我們需要追問：到底是什麼可以使我們區分出道德現象和非道德現象呢？

「道德的」(moral) 一詞的意義既和「非道德的」(nonmoral) 一詞的意義相對立，這時它的意思是「屬於道德的」；也和「不道德的」(immoral) 一詞的意義相對立，這時它的意思是「有道德的」或者「合乎道德的」，前者可以包括後者。有位經濟學者寫過一篇文章談「不道德的經濟學」，結果引起不少爭論，而他的意思其實是想說經濟學非倫理學，基本上與道德評判不相干，也許他用「非道德的經濟學」的說法引起的非議就要少得多。

我們這裏首先在與「非道德」相對照的意義上分析何爲道德：道德的準則和判斷應如何與非道德的的準則和判斷相區別？道德上的「好」或者說「善」(good)，「正當」(right) 與其他方面的，例如在明智、法律、審美、理智、宗教等等方面的「好」、「正確」之間有什麼不同？我們說，某些人們的行爲、品性乃至社會制度之所以可以從道德上被評價、被視爲道德現象，是因爲它關係到善惡正邪。「善惡正邪」也就是一種專屬於道德的評價辭。

那麼，「善惡正邪」又是在什麼情況下可以給出呢？我們說，首先，它一定關乎到他人、關乎到社會，而且一般是關乎到對他人和社會的利益的維護或損害。或如約翰·哈特蘭－斯溫（Hartland-Swann）所言，「道德」概念與維護或違反那些被認爲具有社會重要性的風俗習慣有關。某一類行爲之所以被稱之爲道德行爲，是因爲履行這類行爲被認爲具有社會的重要性，忽視或妨礙這類行爲將造成社會的災難。無論是問題或爭論，還是判斷、原則、目的，把它們區分爲「道德的」和「非道德的」，其區別點就是它們對於社會的利害關係程度。它們的道德性質，是由它們壓倒一切的社會重要性所派生的。究竟哪些風俗習慣和行爲規範是具有社會重要性的情況是會有變化的，有些過去對社會很重要的風俗習慣確實可能變得不那麼重要，甚至基本退出社會的公共領域，例如戀愛婚姻問題就越來越成爲個人的私事。但這並不意味著一切都是相對的、變化的，還是有一些基本的、普遍的準則。

與此相關的第二個問題是：倫理學不僅應當考慮對他人與社會的影響，還要考慮這種影響是不是切實地做出的，即倫理學應當優先和主要考慮行爲的問題，其他的問題，例如人的道德精神境界的問題，人們的何種品性在道德上是善的、何種品性在道德上是惡的，什麼事物或經驗因其本身的緣故是值得擁有或欲望的等問題，邏輯上要後於有關行爲正當與否的問題，即德（virtue）論、善（good）論或價值（value）論的問題要後於正當（right）理論的問題，這當然是一種義務論的觀點，我們將在以後加以說明。而倫理學從傳統的以人爲中心走向現代的以行爲爲中心，從以德性、人格、價值、理想爲其主要關注，走向以行爲、準則、規範、義務爲其主要關注，還有更深刻的社會變遷方面的原因。

我們再把這些分析用於「偷錢，爲哥哥繳學費」的例子，我們說，這顯然不僅是一個法律的案子，也是一個道德的事件。首先，其中主要的事情——弟弟的偷錢不管是出於什麼目的動機，顯然是一件嚴重傷害到他人利益的事情，所以不僅道德要管，法律也要管，而且從它的性質來說，偷竊還作爲一種破壞社會秩序的行爲，一般地傷害到社會，也就是說，在某種意義上，所有的社會成員都因此受到了某種損害。因而，防範、制止和懲罰這種行爲具有一種社會的重要性。所以，完全可以對之進行道德的評價，甚至這類行爲要比這個案例的程度輕微得多也是要進行道德評價的。

其次，這也是被實施了的行爲，如果弟弟僅僅是產生了一個偷竊的念頭，或者弟弟在輾轉反側之後還是決定不偷，那麼，誠然個人自我可以對之有一種反省和評價，這種個人的反省和評價在一種道德的功夫學裏甚至可以佔據一個很重要的地位，但一種社會的倫理學卻不把它作爲重要的評判對象。無數個人內心閃過的「惡念」並沒有公之於眾，也不必公之於眾，因爲他可能自己就已經把它克服了、擺脫了，所以有人笑謔：「如果要按念頭治罪的話，那麼幾乎所有的人都要坐牢，甚至槍斃了。」

但是，只要是影響到他人的行爲，不僅弟弟的行爲，還有像哥哥的行爲、記者的行爲，以及個人代表組織的行爲——如警察的行爲、法庭的行爲，以至於對制度、政策、輿論，都是可以從道德上進行評價的。而且，對這些行爲，不僅可以從外在的、結果的角度，還可以從內在的、動機的角度進行觀察和道德評價。

道德評價者當然可以有一個基本的態度，有對善惡正邪的基本判斷，但深入地思考許多問題，提出一些疑問可能是更重要的，尤其對一個學者來說是這樣，他不僅要褒貶，更要分析和思考。例如，對弟弟的行爲，我們就要考慮他爲什麼會這樣做？爲了合理的目的，是否就可以不顧及手段？「先拿了以後再還」是否可能？這樣的理由是否能夠成立，甚至這是否只是一個托辭？如果許可別人也用這樣的「目的」和「理由」做同樣的事，社會會變成怎樣？對警察和哥哥的行爲，我們可能也會對有些具體做法質疑：情勢是否到了這樣緊迫和危險的時候，必須採取讓哥哥騙弟弟的手段？親情和信任畢竟是寶貴的，不僅對親人是這樣，對社會也是這樣，我們在考慮儘快和儘量省力地結案的時候，是否還要考慮儘量不要傷害到人類生活和道德基礎中一些可能是無形但卻寶貴的東西？這樣做有時可能沒有很明確的受害者，但它卻會削弱人與人聯繫的親情紐帶。而對於法庭的行爲，卻可能有一個這樣做是否對其他類似的案件、其他的偷竊者公平的問題，這裏重要的是媒體有了披露，可能客觀上還是形成了某種壓力，媒體履行了自己的某種功能，但媒體在披露某些事實上是否合適也可以有疑問，有些事實是否涉及到隱私，有些事實是否要考慮到對未成年人的保護等等，以及是否可以有意用媒體去影響甚至干擾司法的進一步問題（不是就事論事），最後還有對社會環境、制度政策的評價，以及對這一偷竊事件的深層原因的探討，爲什麼會出現偷錢繳學費的現象，這種無奈是否也有社會的某種責任，也就是說，在某種意義上，可能我們每一個人都負有某種責任。我們如何透過制度、政策來防止同樣的事情發生？總之，只有透過對道德現象和問題的深入思考，我們才能推進倫理學的發展。

而一件不幸的事情發生了，首先對之加以反省也是使之變成好事的一個辦法。

最後，我們還可以簡略地用中國古代一個基本的道德辭「仁」的音、形來形象地說明一下上述的道德現象的兩個特點。

「仁」字形爲「二人」，可理解爲道德一定是在二人以上的關係中發生的，一定是在對他人有影響的行爲中體現的，魯賓遜獨居荒島時所做的事無所謂道德不道德，有了另一個土人「星期五」就有道德問題了。當然，是不是只對他人才發生道德問題，對其他生命以及自然界就不發生道德問題，我們還可以討論，但毫無疑問，在這裏我們要強調的是，道德絕不是僅僅自我的事情，它一定關涉到他人、他者，關涉到社會，道德的主題或者說最優先的內容是一種社會道德。

其次，「仁」音爲「人」，對「仁」的一個基本訓詁就是「仁者人也」，也就是要「人其人」，即以合乎人的身分、合乎人性、合乎人道的方式對待人。當然，究竟怎樣才算做到了「人其人」，自然會有諸多分歧，但這裏的第一個「人」字作爲 個動詞，很明顯是表現爲一種行爲。也就是說，道德不只不是僅僅自我的事，也絕不是僅僅內心的事，它一定要關涉到行動、行爲，要能爲他人所察覺、所看見，並總有人受其影響。否則，一個人內心那怕對他人有無限的善意，或者有無限高尚和聖潔的境界，若全然不表現爲行爲（包括語言行爲和生活方式），我們就幾乎無法對之構成道德判斷。道德判斷首先並且主要是對行爲的一種判斷。

總之，要回答什麼是道德，區分「道德現象」與法律、宗教、習俗、審美、明智等可從其他方面觀察的種種現象，還需提出進一步的標準，最重要的標準當然就是是否涉及到「善惡正邪」的內容，但我們在這裏暫時只是滿足於指出規範倫理學辨認道德現象的兩個形式要件：首先，它一般是關涉到他人，關涉到社會的；其次，它還必須是以一種外在的、實際可見的、會對他人產生影響的行爲方式關涉到他人和社會的。至於和「不道德的」（immoral）一詞的意義相對立的「有道德」一詞的意義，它涉及到倫理學的實質問題，甚至可以說規範倫理學的主旨就在於說明這個問題，這些內容我們將在以後的章節中進行探討。

2. 倫理學的性質與關聯

如果理智對人來説是神性的，那麼合於理智的生活相對於人的生活來説就是神性的生活。不要相信下面的話——什麼作爲人就要想人的事情，作爲有死的東西就要想有死的事情——而是要竭盡全力去爭取不朽，在生活中去做合乎自身中最高貴部分的事情。

亞里士多德《尼各馬可倫理學》

亞里士多德（Aristotle, 384-322 B.C.）是古希臘城邦哲學的一個集大成者，也是作爲一種學科體系的倫理學的奠基人。他著有《形而上學》、《尼各馬可倫理學》、《政治學》、《修辭學》等諸多著作，是許多學科的開創者。他富有現實感，尊重經驗，但同時又仍保有一種哲學家志在超越的精神，是一個在有生之年以有死之身「竭盡全力去爭取不朽」的傑出典範。

本章要討論倫理學的性質和關聯，在簡略回顧一下倫理學的產生和主旨之後，我們要從倫理學的內外關聯，尤其是從外部區分來說明倫理學及其研究對象的性質，換言之，在上一章初步介紹了「倫理學是什麼」之後，我們在這一章除了繼續說明這個問題，還想大略地解釋一下道德與經濟、法律、宗教信仰的聯繫和區分，亦即也涉及到「倫理學不是什麼」的內容。

2.1 倫理學科的產生

人們對涉及善惡正邪的道德行爲是不可能不有所反應和思考的，這樣就會形成一些觀念，但是，只有透過一種比較抽象和系統的反思，形成一些比較固定的概念，並在這些概念之間建立聯繫，形成語句，進行推理，最後形成某種知識系統，我們才可以說產生了一種倫理學。

在西方歷史上，系統的倫理學產生於西元前五世紀到四世紀的古希臘，經歷了從蘇格拉底、柏拉圖、亞里士多德師生三人不斷推進的過程。蘇格拉底之前的哲學家主要探討世界的起源和構成，他們關心自然界是怎麼來的，他們仰望天空，俯視大地，對世界的萬事萬物充滿好奇和驚異，能這樣專一和單純地觀察和思考自然界確實是一種社會的幸運和個人的幸福。然而，到了蘇格拉底生活的時代，他親身經歷了雅典興盛的頂峰和隨後的衰落，看到了雅典捲入的伯羅奔尼撒戰爭帶來的許多道德問題，而雅典的民主制度也遇到危機。於是，哲學到了蘇格拉底這裏有了一個大的轉向，即由天上轉向人間，由自然轉向社會，由主要關心世界是怎樣來的，轉向關心人應該往那裏去，即人應該追求什麼樣的生活，選擇什麼樣的價值目標，擁有什麼樣的德性，以及相應的社會制度應當如何安排等等。

蘇格拉底本人不倦求知，認為「知識即德性」，「未經反省的人生不值得活」。他一生沒有什麼著述，而是經常在街頭和廊下和人討論「什麼是善」、「什麼是美德」、「什麼是正義」等問題，而他本人的行為也就是道德的傑作，他生活極其簡樸、勇敢、大度，並表現出一種很高的道德堅定性和純潔性，他總是堅持去做道德上正當的事情，而不管他將面臨什麼樣的損失。他曾經兩次頂住來自政治權力的高壓，拒絕執行他認為是錯誤的命令和壓力。而他最後的死更是體現了他精神的崇高和正直，他不在法庭上妥協，不答應放棄自己追求眞理的生活方式，而在法庭作出他的死刑判決之後，他也不肯逃走，不肯在於己有利時就服從法律，而在於己不利時就違抗或規避法律。他感覺自己聽到了一種法律的聲音，那也是道德的聲音、良知的聲音。蘇格拉底本人的一生可以說就是一種高尚的義務倫理學的體現。

柏拉圖的對話大都是以蘇格拉底為主角，他除了展示蘇格拉底的道德思想和風貌，又更加深入和多向地拓展了哲學、倫理學的主題，發展出自己的包括形而上學、知識論、邏輯學、政治學、倫理學在內的博大精深的哲學體系，而有關人及其道德、政治的思考在其中仍佔據一個中心的位置。以他的代表作《理想國》為例，開始即提出了這樣的問題：一個人應當怎樣度過自己的一生？一個正義的人是否也能是一個幸福的人？而最後則歸結到個人靈魂的不朽和永生幸福，中間則主要是有關個人正義與制度正義的聯繫，一個理想的正義國家將是怎樣的，其中的主要德性如何安排等問題的探討。

如果說蘇格拉底是開啓浚導倫理學之源泉者，其學生柏拉圖是深化和拓展而使之成爲洪流者，那麼我們可以說，隨後從學於柏拉圖的亞里士多德，則把這些倫理學思考的源流引入一個港灣，使倫理學眞正成爲一個固定成型的學科。亞里士多德是系統的倫理學這門學科的創立者，他給我們留下了三本就以倫理學命名的著作：《尼各馬可倫理學》、《優代莫倫理學》和《大倫理學》。尤其是在《尼各馬可倫理學》中，亞里士多德系統地闡述了一種高尚的目的論、完善論和德性論的倫理學。這是對後世社會生活影響最大的一種傳統倫理學。亞里士多德認爲人類的所有活動和技術都抱有某種目的，這目的就是他們視作善的東西，實現這些目的也就意味著去達到幸福，而善或幸福也就是合於人的德性的現實活動。德性又可分爲兩類：一是理智的德性，即哲學的沈思；一是倫理的德性，及種種在過度與不及之間的中道的行爲品質。人類要努力透過去實行這些德性去追求至善的目的和最大的幸福，人雖然是有死的存在，卻應當去力求不朽。

這種至善論後來經由斯多噶派以及基督教哲學家例如奧古斯丁、阿奎那的發展，有了一種宗教的涵義：上帝是全知、全能、全善的存在，人生是一段趨赴上帝的旅程。總之，在傳統倫理學中，正當和善（目的、幸福）都是緊密聯繫在一起的，而且前者一般由後者來決定，即傳統倫理學以人格、德性、至善爲中心，而現代倫理學的主流則以行爲規則、正當、正義爲中心。近代康德對這後一種倫理學貢獻良多，而當代哲學家羅爾斯、哈伯瑪斯、諾錫克等對道德的探討也相當受其影響，他們進一步把這種訴諸合理理性的義務論倫理學推向關注現代性、關注正義的方向。在近代、現代西方思想史上，洛克、亞當·斯密、休謨、史賓諾莎、盧梭、黑格爾、柏格森、杜威、羅素、麥金太爾等從不同的角度和立場都為深化和拓展倫理學作出了特殊貢獻，而叔本華、尼采以至沙特、傅柯等思想家則讓我們更清晰地看到了現代道德的困境和與傳統斷裂的程度，邊沁、密爾、西季維克等確立的功利主義倫理學體系對現代社會生活和政治決策實際發生的影響也是相當巨大。

在中國歷史上，倫理學的產生可以孔子或儒家學派的產生為標誌。社會秩序和規範在中國古代商朝含有一種較濃厚的宗教、天命的意味，在繼起的周朝則經歷了一種人文理性的洗禮，發展出一種富有道德和親情特色的「禮」的秩序規範體系出來，而到了孔子生活的春秋年代，這種「禮」的秩序已面臨一種「禮崩樂壞」的局面，孔子由此對人生、道德和社會問題進行了深刻的反思，尤其是對道德的主體和內在資源進行了開發，發展出一種以「仁」為中心的道德理論和人生哲學。隨後的孟子和荀子等又在內、外兩個方面擴展了孔子的思想，孔子的思想漸漸成為中國傳統社會的支配思想。在從漢至唐的一千多年裏，董仲舒等主要在儒家倫理思想的「外王」層面富有建樹；而在宋以降的近一千年裏，朱熹、王陽明等則主要在儒家倫理思想的「內聖」層面卓有貢獻，他們面對社會與個人問題的種種壓力，在思想上則既回應佛教思想的挑戰，又吸收其資源，使儒家思想有了一個很大的新發展。

但是正如我們前面所說，中國的傳統倫理思想雖然豐富睿智，有自己特異的成熟概念和思維方式，但它並不表現為一種現代意義上的學科形態，自從十九世紀中葉中西大規模相遇和衝撞，面對新的問題和困境，使中國的傳統倫理學不能不進行艱難和痛苦的轉型，像梁啓超等學者由此對如何使中國傳統倫理做一種適應現代社會的轉化等問題進行了深入思考，而自劉師培在二十世紀初寫出第一本倫理學教科書起，中國倫理學向現代學科形態的轉化和建設工作也有了長足的進展。

總之，無論在中國還是西方，倫理學的古代發生和近代轉折可以說都受到嚴重的道德和社會問題的刺激，就像湯恩比所說的是對挑戰所做的一種「回應」。當然，反過來，倫理思想的發展又會深入持久地影響社會與個人的道德狀況和面貌。而今天的中國可能還是處在一個社會的大轉變期，中國倫理學的建設也還是任重而道遠。

2.2 倫理學的性質與任務

關注倫理學的人們心裏都會出現這樣的問題：倫理學究竟是一門什麼樣的學問？它到底是用來做什麼的？尤其是，我們可以對今天的倫理學抱有何種期望？它主要是用來提供一種全面的美好生活還是重點解決行爲規範的問題？倫理學的思考是應當優先考慮如何達到快樂和幸福呢，還是應當優先考慮和處理那些最緊迫、最嚴重的不幸？我們下面就來看看近一百年來幾個有關倫理學的定義和對倫理學的內容與主旨的說明。

德國哲學家包爾生在十九世紀末對倫理學的定義和說明還帶有比較明顯的傳統目的論的色彩。他認爲倫理學的職能和任務就是決定人生的目的（善論），以及達到目的的手段（德論或義務論）。包爾生談到，倫理學的目的在於解決生活中的所有問題，使生活達到最充分、最美好和最完善的發展。因此，倫理學的職能是雙重的，一是決定人生的目的或至善，二是指出實現這一目的的方式或手段。前者是屬於善論或者說價值論的事情，後者是屬於德論或者說義務論的事情。前者顯然更重要。

但是，在包爾生的倫理學中，顯然也已經有一種向現代倫理學過渡的痕跡。他對至善的說明實際上是相當形式化的，只是相當籠統地談到人的各方面的潛能的發展和各種生活方式的實現及各種生命意義的開拓，也就是說，在某種意義上，目的實際上相當程度上被虛化了，可能也不得不虛化。另外，包爾生認爲，就像手段是服從目的一樣，德性和義務論也是從屬於善論的。在此包爾生還認爲，用來實現完善的生活的手段並不只是一種沒有獨立價值的、外在的、技術的手段，而是同時構成了完善的生活內容的一部分，德性及其實行構成了完善生活的內容，因此道德生活中的一切既是手段，又是目的的一部分，是既爲自身又爲整體而存在的東西。德性在完善的個人那裏具有絕對的價值，但就完善的生活是透過它們實現而言，它們又具有作爲手段的價值。之所以強調這點，是因爲確如包爾生所言，目的與手段經常是混淆的，在道德生活中區分出手段與目的有時候是很困難的，因此做出此類判斷時是需要我們的審愼心態的。

包爾生的這一倫理學觀點基本上還是屬於亞里士多德傳統的一種自我實現論（或完善論、美德論），古希臘的倫理規範、道德義務是緊密地與人生目的、價值追求、幸福和完善結合在一起的。那自然是一個令人懷念的時期，這一傳統也是源遠流長，在現代倫理學家如麥金太爾那裏，我們也不斷看到對它的嚮往。但是，在近代以來的社會中所發生的一個深刻變化正如羅爾斯所言：我們今天不能再把人們歧異的價值追求、對於人的生活目標乃至終極關切的不同理解看作反常或暫時、有待整合和統一的現象了，而是從此以後就應當把某種價值觀念的分離看作持久和正常的狀態了。由此，現代人也就不容易再指望一個緊密結合宗教信仰和倫理學、或人生哲學與倫理學的統一體系，而如果我們也不想陷入道德相對主義乃至虛無主義的話，我們就必須在別處尋求可能的共識。

美國哲學家梯利比較籠統地說倫理學可以大致地定義爲有關善惡、義務、道德原則、道德評價和道德行爲的科學。但西季維克說他寧願將倫理學稱之爲一種研究而不是一門科學，他把倫理學分爲對行爲準則的研究和對人的終極目的、眞正的善的研究兩個方面，這一劃分與包爾生比較接近，但與包爾生不同的是，他不再是強調後者而是強調前者，他認爲，一般說來，前者在現代倫理思想中更突出，更易被應用於現代倫理學體系。因爲在某種程度上，倫理學所研究的善只限於人的努力所能獲得的善。終極善的觀念對於確定什麼是正當行爲並不必然是根本的。除非認爲正當行爲本身是人的唯一終極善。因此，西季維克把倫理學主要看作是有關正當（right）或應當（ought）的研究。

摩爾也認爲倫理學的任務是討論有關正當、人們的行爲和品性的問題，並且要提出理由來。但他的思想關注更傾向於一種價值論而非義務論，認爲怎樣給「善」下定義，是全部倫理學中的根本問題。他認爲「善」是一種單純自明的性質，我們只能像直覺顏色一樣去直覺它，因此他批評那種用非道德的事物、用非道德的目的去說明和解釋它的「自然主義謬誤」。後來的普里查德、羅斯等則認爲正當、應當是倫理學中的中心概念。普里查德試圖規定一種規範倫理學的自律性，即一種義務論的倫理學。他認爲對於我們應該做什麼的問題要求理由是一個錯誤的企圖，在一個人是否具有道德義務或責任去履行某種行爲這一問題上，根本不可能找出什麼理由，對於責任的考慮不可能化約爲任何其他考慮。比如說有人用對一個人有好處來解釋他爲什麼應當做某件事情，但是一個人的好處是與他的欲望和愛好相關，這種個體的欲望或愛好與道德責任顯然是不同的，道德責任的履行恰是對人們愛好的抑制和強制。這裏的要義是責任是不可推知也不可推卸的，而只能如摩爾直覺「善」那樣去直覺「義務」。

羅斯的理論本質上與普里查德的沒有區別，但是爲了解決義務之間的衝突問題，他提出了「顯見義務」(prima facie duties)與「實際義務」這兩個概念。一個行爲，如果趨向於成爲一種義務又不必然是某人實際的或完全充分的義務，如果它作爲該行爲總性質的某一組成部分的結果而發生，那麼履行它就是一種「顯見義務」，如遵守諾言和講眞話就是「顯見義務」。但是這類行爲的總性質卻可能是這樣的，即履行它並不是某人的「實際義務」，如在某種特定的情形中，由於講眞話會傷害到某些無辜的人，那麼講眞話就不能構成該行爲者的「實際義務」。即「實際義務」是取決於一個行爲的總的性質，而「顯見義務」只取決於該行爲總性質中的某一顯著部分。

一個較流行的有關現代倫理學性質和主旨的說明是由弗蘭克納提供的。在他看來，倫理學的首要任務，是提供一種規範理論的一般框架，藉以回答何爲正當或應當做什麼的問題。他指出，一方面道德是一種社會產物，而不僅僅是個人用於指導自己的一種發現或發明。另一方面，在作爲支配個人與他人關係的體系意義上，道德又不是社會性的，因爲這一種體系完全可能是個人性質的。但如果我們從一個較大範圍去考察，道德就是社會性的，而且從道德的起源、制約力和功能方面看，它也是社會性的。它是整個社會的契約，用以指導個人和較小的集團，雖然總是個人先遇到它，但是這些要求至少最初總是外在於他們的，即使這些要求內在化爲個人的要求，要求本身仍然不僅僅是他們自己的，也不僅僅指導他們自己的。鑒於此，道德有時也被定義爲社會整體的契約。道德雖然鼓勵甚至要求運用理性和某種個人的自決，但總的說，道德還是指在自己的社會成員中促進理性的自我指導或決定的一種社會規範體系。

每個人對倫理學的理解自然可以見仁見智，對倫理學的期望也可以有高有低，但是作爲一種主要被理解爲社會體系的倫理學，我們可以說其主旨還是集中於行爲規範，它主要或優先應關注使那些較嚴重的不幸不致發生。而現代倫理學的期望顯然也不再像古代那樣豪邁和全面，而變得比較小心謹愼。

2.3 倫理學的內部劃分與外部關聯

對於上面所討論的倫理學的內容與主旨，我們還可以從另一角度觀察，即從傳統倫理學與現代倫理學的區別來談倫理學的內容與類型。傳統倫理學要比現代倫理學包括的範圍廣泛，它會考慮人的全部理想、最高可能達到什麼，能成爲什麼樣的人，還考慮上面所說的生命意義和終極關切，而現代倫理學則主要是考慮人的行爲和行爲準則，考慮與社會、與他人有關的那部分倫理。當然我們也可以從整個倫理學的歷史著眼，說前者是一種包括了人生哲學乃至宗教學說的廣義倫理學，後者則是狹義的倫理學，或者說是包括探討社會正義和個人義務的社會倫理學，並可以認爲正是後者構成倫理學的主幹部分。

人們研究倫理的方法、角度和重點可以有種種不同，從而使人們理解或強調的倫理學的形態也有種種不同，主要以描述方法研究倫理學的可以叫做描述倫理學或者說「倫理志」，這可以是歷史的描述，如各種道德史、風俗史，也可以是現實的描述，如某些社會道德狀況的調查報告；可以是外在的描述，如道德社會系統的著作，也可以是內在的描述，如道德心理學的著作。它們的目的是旨在如實地呈現人們現實或歷史的、內在或外在的，或者說綜合的道德狀況是什麼樣子。

主要從語言和邏輯的角度，以分析的方法研究倫理的是元倫理學，它在道德勸誡上也是相對中立的，它的目的也主要是求眞，但不是求歷史現實生活的現象之眞，而是求人們使用的道德邏輯語言之眞。主要研究倫理學規範的來源、內容和根據，並且旨在影響人們的生活和行爲的理論則是規範倫理學，它一般構成倫理學的主體，因爲嚴格說來，現象描述和語言分析也是圍繞著倫理規範的，乃至道德相對主義、道德虛無主義也是鋒芒直指倫理規範。規範倫理學是傳統倫理學的主流，但近年來，它也遭到元倫理學以及相對主義的嚴重挑戰。有些人只從一個方面來研究倫理，但也有許多學者是綜合上述幾個方面來研究倫理。而從規範倫理學中又可以分出應用倫理學，尤其在近一些年，應用倫理學有長足的發展。也就是說，倫理學可分爲規範倫理學和非規範倫理學兩大類：規範倫理學包括一般的規範倫理學原理和應用倫理學，非規範倫理學包括描述倫理學和元倫理學。

我們現在這裏主要想談談元倫理學。現在中文中被譯爲「元倫理學」的詞在英文中是“meta-ethics”，我們可以把它與形而上學（meta-physics）對照，“meta”這一字首有「在……之後」、「在……之上」的意思，所以，有人也曾把“meta-ethics”譯爲「後設倫理學」，而按照形而上學（也是在物理學之後）的譯法，或許還可譯爲「倫而上學」——這當然只是幫助我們理解，並不眞的要如此改譯。總之，正像「形而上學」最初是要對物理（世界萬事萬物之理）進行反省，「倫而上學」（元倫理學）也是要對倫理（人倫之理）進行反省，要反省這些道理後面的根據和意義。但從思想的秩序上說，這種反省又可以說是在前的、優先的或根本的。這大概就是把“meta-ethics”理解爲「元倫理學」的一個理由。不過，二十世紀上半葉興起的元倫理學與傳統的形而上學不同的地方在於：元倫理學並不像形而上學一樣要提供世界的有關眞善美的全面的、本質的解釋，而只是要從眞的角度，即從可靠性、確實性的角度對我們使用的倫理概念和道德語句進行仔細的推敲和驗證。

元倫理學在二十世紀前六十多年的英美倫理學界佔據主導地位。元倫理學的工作主要分爲兩個方面：一是探討倫埋學基本概念及一些重要的相關辭的意義；二是考察道德推理的邏輯和倫理規範的證明。我們也許還可以說，在二十世紀前三十年中，有關意義的解釋更多地佔據英美倫理學家的頭腦，而在後三十年中，他們則更多的是考慮有關論證和理由的問題。

元倫理學中最早興盛的是直覺主義，直覺主義認爲對於「什麼是善」（穆爾）、「什麼是正當、應當」（羅斯、普里查德）等道德辭，就像我們對顏色一樣只能直接地去感知它和把握它一樣，對這些最重要的道德概念，我們卻無法對它們下定義，無法用其他非道德的自然事實來界說它們、定義它們。穆爾認爲以往的倫理學都犯了一種「自然主義的謬誤」——以自然的事實來定義道德價值，道德的善，而普里查德也認爲以往的道德哲學都停留在一個謬誤之上——以爲道德義務和責任都基於某種理由，而這種理由實際也就是某種非道德的「好處」(goodness)。這樣，倫理學的大部分理論，例如快樂主義、完善論、功利主義、利己主義、各種形而上學和宗教的道德論，都要被認爲是犯了類似的錯誤。

直覺主義在知識論上打動人的一種力量在於：它謹愼地停留在某種確實性的範圍之內，不想「強爲解人」，不想去解釋在它看來人類力不勝任的東西，它認爲，重要的是我們直接感覺到了那善和義務，能夠履行它們，這也就夠了。道德的性質是客觀的，但我們只能直接地把握這種性質。而直覺主義在道德論上打動人的力量則在於，它想說的實際是：道德就是道德，義務就是義務，責任就是責任，善就是善。面對它我們實際已經可以感受到一種巨大的力量，它們是純粹的、單一的、不可以混雜的。在此一個恰當的比喻其實可以引自康德「頭上的星空」和「心中的道德律」的類比：我們就像直接看到星空並由此產生敬重感一樣，我們也直接感受到心中的道德律並產生一種敬重之情。所以元倫理學中的直覺主義與規範倫理學中的義務論確實有較緊密的聯繫。

直覺主義的弱點是它不容易解釋和傳遞，是不是所有的人都能如此（或如此鮮明地像看見星空或顏色）一樣感受到道德的價值和義務？是不是還有道德的色盲乃至完全的盲人？你又如何說服他們呢？如何向他們展示你所看到的東西及其在你心裏引起的感覺和份量呢？總之，單純的直覺主義也容易遇到問題，容易被限制在一種直接性中而無法展開。

繼直覺主義而起的是情感主義。它否認人們能認識道德

——無論是透過由事實引出價值和義務的自然主義解釋，還是透過非定義的直覺主義。情感主義認爲人們在道德判斷後面所表達的是一種情感或態度，是試圖透過勸導、說服、褒貶影響其他人也如此做。顯然，情感主義容易走入主觀主義和相對主義，隨後的一些不滿意情感主義、也不滿意直覺主義的倫理學家試圖重新肯定理性在倫理學中的地位，他們提出了諸如「充分理由理論」、「道德觀點」、「普遍規約主義」等觀點。元倫理學的探討比較多元化了，而不再是被一種傾向所支配。

元倫理學的意義在於：它們雖然一般並不直接提出或論證某些道德原則或規範，但它卻能幫助我們澄清我們所使用的道德概念的含義和道德思考的邏輯，培養我們對道德語言的敏感和審慎分析的習慣。所以，它仍然能有助於我們合理地做出生活和實踐中的道德抉擇。而更主要的還在於：它還有助於我們拒斥那種用虛假的「理由」來煽起一種「道德或政治狂熱」的理論。

在倫理學與其他學科的外部聯繫方面，倫理學與哲學的聯繫當然最爲緊密，甚至它就一般被包括在哲學之中，是哲學的一部分，如古代希臘的哲學就分做三科：自然學、倫理學和邏輯學。倫理學作爲一種道德哲學、實踐哲學，在整個哲學中佔有很重要的地位，所以，當我們把倫理學和哲學區分開來，說到倫理學與哲學的聯繫時，主要是指它與哲學中的形而上學、本體論、認識論、邏輯學、語言哲學，以至宗教、神學的關係。它們在歷史和邏輯上實際都有一種緊密的共生關係，例如，現代元倫理學對邏輯和語言哲學的依賴是不言而喻的。但由於前面說到的理由，現代倫理學與其說是強調兩者之間的聯繫，不如說是更強調兩者的區分，它尤其是拒斥形而上學和本體論，與宗教和人生哲學也趨於分離。

倫理學與其他人文學科諸學科如文學、歷史、藝術、人類學、心理學等也有較緊密的關係，尤其作爲從內外兩方面對道德現象進行描述性研究的道德史、倫理志、道德心理學來說，對人類學和心理學的材料是相當依賴的，而文學和史學更始終都是倫理學的寶貴資源。文學家常常能更敏銳地感覺和提出時代的道德問題，同時也提供豐富的材料，保留道德現象原本的生動性、完整性和複雜性。我們只要想想例如杜斯妥耶夫斯基、托爾斯泰、卡夫卡所提出的問題，甚至僅就其深刻性而言也是哲學家所難於企及的。同樣，史學家也提供了許多豐富的可供我們進行道德思考的材料和問題，例如古希臘修斯底德的《伯羅奔尼撒戰爭史》、中國的《春秋左傳》等都相當充分地展現了古人的道德面貌。

倫理學與社會科學諸學科如政治學、經濟學、法學、社會學也關係緊密，尤其是在研究社會正義的方面。由於倫理學越來越多地傾向於關注社會倫理而非個人倫理的內容，所以，它必須吸收這些學科的知識，而這些學科碰到的倫理問題也使這些領域的學者不能不關注道德，以致我們有時難於區分有些學者主要是倫理學家還是政治學家或經濟學家。

而隨著倫理學的視野近年越來越擴展到關注自然環境、關注一般意義上的生命——不僅人的生命，也包括動植物的生命，以及應用領域中的長足發展，倫理學與自然科學諸學科如生命科學、環境科學、醫學、農業科學、電腦科學的聯繫也日趨緊密。倫理學正越來越成爲一種很適合於把人文、自然和社會科學諸學科聯繫和貫通起來，以應對各民族和全人類面臨的各種棘手問題的學科。

限於篇幅，我們下面將從問題與現象出發，只介紹倫理學的研究對象——道德與幾門關係與它最緊密、但也最需要區分的學科對象之間的關係。

2.4 道德與經濟

「發展經濟」看來已成爲現代社會無論個人還是國家的中心關注和追求，中國也不例外，隨著全球化的擴展，以及中國的加入世界貿易組織，更是加快了這一步伐。優秀的人才大都湧向經濟，成功的標誌常常是以財富爲標誌，而經濟學也成爲最大的顯學。道德與經濟的關係成爲倫理學所不可迴避的問題。

人們在這種關係中比較關注的一個問題是：道德與經濟究竟是互相補充、促進還是互相妨礙、衝突？或者說，兩者是存在一種正相關還是負相關？這裏需要分析而不能籠統地下結論，因爲兩種相關都是存在的，關鍵是看在什麼樣的情況和條件之下。一個社會道德的狀況是推進還是阻礙經濟的發展，這就要看這個社會的道德水準和經濟的水平及其期間微妙的關係而定。例如，許多學者已經指出了中國的道德誠信水準已經大大影響到企業的信譽和個人的信用，從而妨礙了經濟的發展。道德對經濟的影響和約束我們也許可以通俗地從兩個方面來把握：一是怎樣掙錢，一是怎樣花錢。怎樣掙錢涉及到錢的來路的正當性問題，涉及到和他人利益的分配以致衝突，在這方面有必要建立具有某種強制性的、恰當的道德規範加以約束，像如何防止欺詐行爲等等。怎樣花錢則主要涉及到個人的價值觀念，涉及到他重視什麼，他是不是只追求物質的快樂等等，在這方面有必要訴諸某些合理、富有意義的價值觀念進行引導，像如何鼓勵投資文化教育事業等等。

但我們現在在這裏想主要關注一下問題的另一面：即經濟對道德的影響，經濟發展是否會帶來道德進步？

市場經濟中與道德相關的因素主要有兩個方面：一是其參與者追求利益、追求利潤的目的、動機和欲望；一是其實現這一目的的手段，這一手段簡單地說就是競爭，即不同生產者、不同銷售者之間的競爭。我們可以再把道德規範體系區分爲兩個層面：一個層面是人們很容易看到的公共生活中的行爲規則，尤其是禮儀、禮貌、社交慣例和習俗等等；另一個層面則是要往較深處觀察才能發現的這一社會的基本道德原則和主要規範，這些原則規範構成這一社會的道德的主體。

那麼，經濟發展是否能自然而然地對道德產生積極的影響？我們首先看市場經濟發展的目的動機，這種動機本身是一種追求利益最大化的動機，它的兩個特點是：一是它的無窮擴大、難以滿足的性質，一是它的互相衝突、難以兼顧的傾向。因此，我們就不能指望它自己突然發生一種大轉變，即人們突然由求利變爲求德。另外，再看市場經濟發展的手段和方式。這一手段主要是自由的競爭，即便在最好的法律保障和規則最健全的情況下，貫穿市場經濟的活動也主要還是競爭，而不會是統籌的安排、有意的關懷、合作和禮讓。這種競爭常常是很無情、甚至很殘酷的。這種競爭也容易誘發人們以某些不正當的手段去爭取競爭的勝利。所以，無論市場經濟的動機還是手段，在道德上都是中性的，它是否符合道德要依它朝著什麼樣的方向，以及是否遵循一定的規則及這些規則的性質而定。

在這樣的情況下，市場經濟的發展對道德還是會產生一些積極的影響，首先，經濟的繁榮將促進公共生活中某些直接與物質生活水平有關的規範得到改善，如由於交通工具的充分提供和享有，人們可能將不必再去擠車、塞車或排隊搶購車票。但這些直接得到經濟發展促進的規範只佔社會道德規範體系中較小的一部分，也是較表面的屬於公共禮儀的一部分。其次，經濟發展可以確保溫飽，乃至提供一種體面的、像樣的生活，從而撤去有可能威脅道德甚至造成道德與社會生活崩潰的直接生存壓力。再次，經濟發展可以帶來國家實力的增加，從而有可能因此促進政體的改善，以及給人們帶來從事各種精神文化活動的物質條件及閒暇等，但是是否人們將以這些條件和閒暇從事高尚有益的活動，以及是否人們將眞的能促成政體的改善，也還需要一些別的條件。

市場經濟對於道德的消極影響的一面是：第一，參與者的動機一般來說並不是道德的（當然也不是不道德的），而是道德上中性的，是對物質利益的追求，而這種利欲有一種無限發展和相互衝突的傾向，這些傾向將很可能帶來道德問題乃至道德危機。第二，在市場上的激烈競爭中，若不建立一套公正的競爭規則，並使競爭者普遍養成遵守它的習慣，就可能是災難性的，使欲海「沖決」、「橫溢」而非「順流」。

當然，這只是客觀地描述經濟發展自然而然將對道德產生的影響，只是描述如果人們不去注意人文和道德的建設而只致力於經濟發展，自然而然將會得到什麼。然而，如果把人們的道德意志、理性、感情的因素加進去，就有可能不僅使經濟發展在道德的積極影響中擴大，也使其消極的影響得到調節、緩和，甚至相當程度上的化解。

總之，在一個基本的生存條件的範圍內，我們也許可以說經濟和道德是互爲條件和基礎的：沒有起碼的經濟發展和相應的物質生活水平，一種普遍的社會倫理將不可能建立或達到一個基本的水準；而沒有一種起碼的社會道德水準和相應的信任與合作關係，經濟和物質的生活也不能順利地發展，甚至有可能陷入崩潰。而如果超出這一範圍，則道德和精神價值則應發揮一種更爲主導的作用，因爲人畢竟不是經濟動物，人是應當高於溫飽的。

2.5 道德與法律

道德和法律同樣作爲對人們行爲和生活的一種規範和約束，它們的關係是很接近的。而且，我們要說，它們在現代社會的聯繫比在傳統社會還要更爲接近。

首先，道德規範與法律規範有相當大的重合，許多規範不僅是道德規範還是法律規範，例如，「不可殺人」、「不可盜竊」，但是像「不可說謊」卻要做出一些區分。法律只禁止那些造成了對他人較嚴重的傷害的說謊。而從原則上說，道德是反對所有的謊言的。這就顯示出道德與法律的差別。法律規範的範圍要比道德規範的範圍狹窄，它只把那些嚴重損害他人利益或人身，或者一般地損害到社會的行爲納入自己的考慮範圍。

而這一差別也是和它們的不同制裁手段相適應的。法律是使用了強制的手段來「令行禁止」——而尤其是禁止。法律很少有「賞」法，而道德則主要是透過內心信念、社會輿論來起作用。你也由此可以說法律是一種「硬約束」，道德是一種「軟約束」。前一種約束是直接的、剛硬的、立竿見影的。後一種約束則看來是間接的、較溫和的，但也是長久的。

很難斷然地說對人的影響是道德的力量大還是法律的力量大，但這兩種力量顯然是可以互相支持的。法律要得到有效遵守，除了有賴於制裁的機制和人們的法律觀念，也有賴於人們的道德意識。法律要從根本上得到人們的尊重而不只是畏懼，它就必須符合人們的道德信念，符合人們有關何爲正當的理念。而且法律的變革也常常是根據人們調整了的道德觀念。在這些意義上，我們可以說法律的根基是道德或者說是一種「自然法」，而道德卻不以成文法爲轉移。但對於那些不及時制止就可能迅速蔓延開來的惡行，僅使用道德力量顯然是不夠和遲緩的。所以，社會不僅要在道德和法律上分別用力，更要在一種道德與法律的結合上用力。一種旨在保護人和公民的基本權利的憲政和法治，本身就具有一種道德性。而一種恰當的權利與正義觀念，它也不可遏止地要變爲一種法治。

法律規範一般是否定性的，而道德規範則還有比較積極的一面。比如說，法律可以懲罰那在街頭打人、殺人者，但對那種在旁圍觀而未採取積極營救措施的人群，法律卻不可能去懲罰他們，但這些人卻會受到道德的譴責。因爲，一種人們承認的道德義務還含有比法律更多的內容——在同胞需要得到正義的援助時必須援助，至少在自己不會嚴重受損的情況下必須這樣做。另外，如前所述，許多重要性較低的事，如公共場合的失禮、輕微的說謊，甚至較輕微的小偷小摸等等，不受法律的制裁，但卻要納入道德的調節範圍。最後，法律除了區分蓄意犯罪還是過失犯罪（如殺人）外，一般不會管犯罪動機，也不深究這種行爲的社會背景和環境原因，它只專注於行爲及其後果本身，而道德卻要考慮到這種內在動機和社會背景。因此，對某些案件，會出現法律判決與社會輿論背離的情況。

總之，如果我們說「法律是最低限度的道德」，可能最容易同時顯示出法律與道德的重合與區分。從社會變遷的眼光來看，現代社會的道德幾乎可以說是一種「最低限度的道德」，亦即一種「底線倫理」，而法律則可以說是這種「底線倫理的底線」。

我們再略說一下道德與政治的關係。政治比法律的含義更廣泛。法律必定是政治的，而政治卻不必是法律的，更不一定是法治的。政治可能和一種人治、和一種意識形態結合在一起，這樣，作爲個人的統治者就可能更迭或自然死亡，而意識形態也會發生變化甚至出現危機。而道德的一個基本核心卻是超越時代和各種類型的社會的，它的一部分主要規範的內容，也不會依個人或團體意志爲轉移的。所以，從內容上說，道德比政治更普遍、更長久，把道德與政治加以區分也就很有必要。抱有宏偉的道德目標的人們，有時能充分地利用政治這一最有力的槓桿，但也可能被其所累。當政治上出現變化，遇到危機，本該不受影響的道德卻也可能因此受到破壞。因此，我們可能要在贊成一種道德與法治趨同的同時，卻主張道德與政治保持某種距離。

2.6 道德與宗教

道德規範與宗教規範的內容亦多有重合，如《聖經》中的「摩西十誡」，除了前三條——不可信仰別的神，不可褻瀆上帝之名，要守安息日——是純宗教的規範外，其他諸條：(4)孝敬父母；(5)不可殺人；(6)不可姦淫；(7)不要偷盜；(8)不可做僞證陷害他人；(9)不可貪戀別人的配偶；(10)不可貪戀別人的財物，這些都是道德的規範，最後兩條還是更嚴格的內心的規範。其他像佛教、回教等重要宗教也都包含了勿殺、勿姦、勿盜、勿說謊這些道德內容。甚至道德就融合在許多文明的宗教之中，使人們以宗教爲標誌來指稱它們的道德，像西方中世紀的基督教道德、阿拉伯世界的回教道德等。

宗教中的超越存在（上帝、眞主）作爲一種人們心靈信仰的對象，以及其中包含的天堂地獄、因果報應等內容，能夠給道德以一種強大的支持。它不僅指向行爲，也指向內心；不僅管此世，也管來世；不僅管地上，也管天上。這種超越的力量是道德和法律所不能及的。但這一切都建立在一個「信」的基礎之上。隨著近代西方人的信仰出現危機，隨著政教分離，道德與宗教也拉開了距離，但由於過去道德與宗教曾經聯繫得如此緊密，以致發生過「上帝死了，是否一切行爲（包括不道德行爲）都可允許？」的精神疑問。現在的許多學者一般都傾向於認爲道德並不必定要以宗教爲基礎，或者說宗教並不是道德的唯一基礎。而這一點看來也爲其他文明，如中華文明的歷史經驗所證明。

但是，一個社會的道德並不一定要以宗教爲唯一基礎，尤其是不一定要以某一種宗教爲唯一基礎，這並不意味著要拒斥宗教對道德的支持，甚至並不意味著就拒斥某一種宗教在一部分人那裏確實成爲道德的唯一精神基礎——只要這是出於他個人的自願選擇。在一個保障公民信仰和良心自由的社會裏，一個人究竟以何種精神信念支持他的道德行爲是不能強制和干預的。法律規範的只是人的行爲而不是思想。我們不能透過政治的權力來強行建立或推廣某種道德，也不能透過權力來強制人建立或放棄某種精神信仰——只要這種信仰並不導致違法的行爲。正像我們前面說到道德是道德的事情，政治是政治的事情一樣，精神信仰也同樣是精神信仰的事情，這三者各有自己活動的範圍和界限，它們之間可以互相支持、補充卻不可以互相替代或僭越地壓制。

3. 道德判斷的根據

無論如何，僅僅在邏輯的眞理和定義上建立一種實質性的正義論顯然是不可能的。對道德概念的分析和演繹（不管傳統上怎樣理解）是一個太薄弱的基礎。必須允許道德哲學如其所願地應用可能的假定和普遍的事實。

羅爾斯《正義論》

約翰·羅爾斯（John Rawls, 1921- ），美國著名哲學家、倫理學家。一九二一年生於馬里蘭州，一九五〇年在普林斯頓大學獲博士學位，並先後在普林斯頓大學（1950-1952）、康奈爾大學（1953-1959）、麻省理工學院（1960-1962）和哈佛大學（1962- ）任教，著有《正義論》、《政治自由主義》、《萬民法》等。他強調「實質性道德觀念的中心地位」，在其《正義論》中建構了一個體大思精的正義理論體系，對西方社會和學術界產生了巨大的影響。

我們說倫理學是有關人們行爲品性的「善惡正邪」的學問。在人們的道德生活和實踐中，總是會包含著判斷，道德判斷就貫穿在我們所有的道德行爲之中，而一切規範倫理學總是會希望對人們的生活實踐產生某種影響，會嘗試做一些「善善惡惡」或「扶正祛邪」的工作，這種工作就是透過道德判斷來進行。

所謂「善惡正邪」，也就是對人們行爲、品性和事物性質的判斷。這也就是道德判斷。其中「善惡」是就德性和物性的「好壞」的價值而言；「正邪」是就行爲的義務，即行爲的正當與不正當或應當與不應當而言。

分析這種判斷語句的語言含義和邏輯關聯，即主要分析其形式，是元倫理學的主要任務；而試圖分析其內容，試圖實質性地回答究竟什麼行爲是正當的，人們應當如何去做某些事才算正當，以及什麼品性是好的、値得讚揚的，什麼事物是有價値的、良善的等等，則是規範倫理學的主要任務。

我們下面就從一個道德選擇的例證開始，來探討道德判斷的性質、分類和根據的問題，並分述作爲判斷根據的幾種主要的倫理學理論。這將是從實質性的，即從規範倫理學而不是從元倫理學的角度，來展示對「什麼是有道德的」的問題的各種回答。

3.1 一個道德選擇的例證

在這一節裏，我們想透過一個道德選擇的虛擬例證，來展示道德判斷的根據。有一次，在一所大學的倫理學課堂上，講課的老師引用了這個例證，來試圖讓同學們在選擇各種逃生方案中發現自己實際所持的道德準則，並試著透過對這些準則的分析，說明道德評價和選擇的不同根據。這一例證如下：

> 有一艘航船在海上遇險，很快就要沈沒，船上載有十二人，但只有一隻至多能乘六人的救生艇。這十二人是：七十二歲的醫生、患絕症的小女孩、船長、妓女、精通航海的罪犯、弱智的男孩、青年模範工人、天主教神父、貪污的國家官員、企業經理、新近發財的暴發户、你自己。
>
> 現在請你選擇能上艇逃生的六人，並說明你的選擇標準是什麼。

老師首先向大家說明，在選擇的環境和對象方面，我們只能在這些給定的條件下選擇：第一，我們不可能改變這種處境，不可能設想比如說是否船還有救，或救生艇上擠擠是否再能多載幾人，並且你作出的這一選擇將是有效的，即會得到大家的服從。第二，我們不知道各個人更多、更具體的情況，亦即在某種意義上，除了已知情況，我們是處在某種「無知之幕」的背後，但我們可以就根據這些情況，並依據一般對人性和生活的知識和對道德的常識性瞭解，查看自己內心贊成的道德標準來進行選擇。

在涉及到選擇方案的方面，也有兩個限制條件：第一，我們這裏不採用隨機和偶然的方法，比方說抽籤的辦法——雖然這種辦法在某些特殊情況下也不失為一種「沒有辦法的辦法」，且並非就沒有某種作為形式的機會均等原則的公正性。但是，在此我們必須進行選擇，以逼出我們平時可能是深藏在自己心裏的道德選擇依據。第二，我們也不考慮那種不予選擇的「選擇」，也就是放任自流，那實際上是讓「適者生存」的叢林規則產生作用。

課堂的討論相當活躍，發言者各自提出了自己的選擇方案及理由，並不時有熱烈的辯駁。最後統計這些選擇方案的結果，被選擇上艇者得票的次序依次是：

精通航海的罪犯：10票

你自己：10票

醫生：9票

船長：8票

妓女：8票

青年模範工人：8票

弱智的男孩：7票

患絕症的女孩：7票

新近發財的暴發户：7票

天主教神父：4票

企業經理：4票

貪污的國家官員：1票

綜合分析大家提出的標準和理由，老師從中大致概括出以下一些選擇原則，並進行了簡略的評論：

1.生存原則

應該看到我們這裏都是在談救生。所以說，在所有選擇原則之後，實際還蘊含著一個更根本的原則，即保存和尊重生命的原則。按照這一原則，每一個人的生命都應該受到尊重，如果情況允許，所有十二個人的生命都應該搶救，尊重和保全生命是一個義務的絕對命令，也是道德的首要原則。問題是在只能救一半人的情況下，我們應當救哪一些人？我們不得不面臨一個痛苦的抉擇，必須捨棄一部分人的生命而讓另一部分人有生還的可能。這也就是義務的衝突。我們這裏不考慮那種比方說出於某種宗教信念或親情觀念，大家選擇寧願一起死而不是一些人生還的情況，而是只要能救出一人就要救出一人。

2.生存可能性原則

要生存還必須考慮到生存的可能性，首先是即將開始的海上漂流生還的可能性。這有可能是「精通航海的罪犯」似乎出人意外地得票最高的主要原因，就因爲他「精通航海」。也有人因同樣的原因考慮到選擇船長，但依據一般的判斷，船長可能更願意、甚至有某種責任最後離開他駕駛的船隻，乃至與之「同歸於盡」。而在海上的漂流看來必須選擇一個懂航海的人。同樣，醫生也大致是由於這個原因得票較高，還有的同學選擇青年工人也是出於這種考慮。醫生的醫療技術和青年工人的體力都是海上漂流所需要的。我們這裏要注意，這個原則與其說是一個目的論原則，不如說仍然是一個義務論原則，因爲它是附屬於生存原則的。

3.自我優先原則

在此「自己」是最明確的，又是最不明確的。在此，選擇者也許會把現在的自己帶入進來。選擇「自己」可能是因爲某些具體的情況，或者考慮我會在艇上發揮較大的作用，或者認爲自己在獲救之後的長遠未來會對社會作出較大的貢獻，或者說是出於一般的利己主義原則，像有的發言者所說：「毋庸諱言，每個人首先要救自己。」但這裏至少有一個自身作爲選擇者的困難。如果不是你選擇，也許你會暗自或在潛意識中希望自己被選擇，甚至在抱著自我犧牲的意願的情況下都有可能如此，這樣你的放棄就更有一種說服、示範或甘願犧牲的份量。但問題是你被推上了選擇的位置，你承擔起了一種責任，你如果自己選擇了自己，將使自己置於何地？如此選擇將要使自己承受一種解釋的隱密負擔，並必須接受別人同樣的選擇——後面的歷程可能還會有同樣的選擇。而且，利己主義是否能夠成爲一個普遍的選擇原則也是個問題。但由於這裏實際上有一個緩衝，因爲除了自己還可以選擇五人，於是還可以運用其他的原則。如果只能選擇一人，那自己與他人的矛盾就非常尖銳了。

4.婦女兒童優先的原則

儘管此例中屬於「婦女兒童」的三個人都被設計加上了負面的因素：「絕症」、「弱智」和「妓女」，但還是得票頗高，這說明如果沒有這些負面因素，他們得票更高或最高大概不會有疑義。這一原則也是「鐵達尼號」等許多失事船隻實際上採取的原則。這一原則顯然是義務論的原則而不是效果論的原則，即主要不是考慮效果而是考慮義務，因爲這幾個人不僅在海上的逃生中不會發揮太大作用，在未來的長遠歲月中大概也不會作出很大的貢獻，而那「患絕症的女孩」還可能很快死去。這是不是一種弱者優先的原則？爲什麼柔弱的生命在此反而顯出了一種強勢？爲什麼要特別保護孩子和婦女？爲什麼弱者（尤其是孩子）的生命反而更值得重視？這僅僅是因爲他們小，他們能活得更長嗎？而那女孩的生命並不會很久，但我們爲什麼仍不忍心一個孩子在自然喪失生命之前就被人爲地拋棄？不忍心看到他們的絕望或聽到他們的哭聲？甚至不忍心那個茫然無知、可能並不會爲此太難受的「弱智的男孩」被拋棄？這裏發揮作用的是不是除了設身處地、將心比心，還有一種根本的憐憫之心和同情？另外是不是還涉及做人資格的問題，以及是否還有一種神聖的約束或威懾——如此拋棄一個孩子的人，也會被神拋棄或神人共棄？另外，選擇者也許還考慮到了原則的意義，作爲原則，是不考慮具體情況的，而一般情況下，婦女兒童優先的原則也不會說總是碰到這樣都有負面因素的特殊情況，在大多數時候恰恰是不會這樣的，所以，比考慮具體情況更重要的是堅定不移地維護一般原則，原則不能被輕易破壞。

5.最大功利或快樂原則

亦即救出那些人對未來的社會貢獻會最大，給社會帶來最大的幸福和快樂。許多選擇自己的人認爲自己今後能對社會作出較大的貢獻，從而爲人類創造更大的幸福。投給「企業經理」的票也多是由於「貢獻」這個原因。另外，這個原則還可以有一種負面的表述，即最少損失或最小痛苦原則。有幾個同學正是因爲這一點排除天主教神父，認爲他對死亡不會感到太痛苦，而投票贊成他上艇的理由則是認爲他能在精神上安慰別人，這尤其在海上漂流時很重要。

6.平均功利或公平的快樂幸福原則（或補償原則）

如有的同學主張讓新近發財的暴發戶及年紀輕的人入選，而讓經理、貪污的國家官員、老醫生落選。其理由是大家要「輪著享福」。所以讓以前享受過的人告退，讓還沒有享受的人爭取活下來。這是比較狹窄地理解「功利」，即將其主要理解爲

「快樂」。

7.德性原則

即按這些人的品質進行選擇，「首先把好人救出來」。「貪污的國家官員」得票最低大概就是因爲這個原因，同時他也沒有明顯的技能，如果說他有一種管理和指揮的才能，也要因他的品質而抵消。但這樣做可能對好人的德性反而可能是一個損害甚至侮辱。比方說青年工人如果不是因爲他將要承擔的工作按生存可能性原則或最大功利原則被選擇，而是因爲他過去的道德品質而作爲酬勞被選擇，那對他的德性的完善反而不是很好（我們這裏注意：同一個人可以因不同的原則而被選擇）。

後來同學問到老師自己的選擇，老師說這種場合可能不得不採用混合的原則而不是單一的原則，但在這些混合的原則中，又確定出它們被滿足的先後次序。他想他大概會首先採用婦女兒童優先的原則，然後是生存可能性原則，否則，作爲前提的生存原則就很可能落空，即在三個婦女兒童之後，他再選擇罪犯、青年工人和醫生——當然，即便是根據生還可能性這同一個原則，究竟選擇哪三個人最好，是可以見仁見智的，船長自然也是精通航海的，而且按道理必須服從，但是，他即便服從心裏也可能會有一種隱痛，日後的輿論也可能對他不利。所以還是選擇了罪犯，他可以貢獻航海的經驗與知識，這很重要；青年工人則可以貢獻力氣和經驗，並且萬一罪犯使壞的話，青年模範工人的品德和力氣結合在一起，還可以對罪犯構成一種制約，最後，醫生可以貢獻醫術和智慧，另外，這條船上應當有一個權威，那最好是醫生。

這就是一個有關「生存選擇的例證」，你也可以想一想，你自己會如何選擇？

3.2.道德判斷的劃分

以上各人的選擇都是在作出道德判斷，下面我們來試圖對這些判斷進行分類。分類的標準涉及到以下三個方面：第一，判斷的性質是什麼：是「道德判斷」，還是「非道德判斷」？第二，究竟在判斷什麼：是判斷一個事實，還是判斷一種義務或價值？第三，判斷的主體爲誰：是特殊的、個別的主體，還是普遍的、全稱的主體？

我們聯繫上面的例證，首先列舉非道德的三種判斷（以下的所有判斷都不涉及眞假或對錯，而只看其在形式上是否成立）：

非道德判斷

事實判斷

特殊的：這艘船要沈了。

普遍的：爆炸後大量進水的船隻都會沈沒。

義務判斷

特殊的：你應當打開那個艙門。

普遍的：海上遇險，船上的每個人都應聽從船長的指揮。

價值判斷

特殊的：豪華郵輪是我最喜歡的東西。

普遍的：豪華郵輪是所有人都最喜歡的東西。

以上的判斷都不涉及道德的內容，都屬於「非道德判斷」，即都不涉及「善惡正邪」的問題，而往往只是涉及技術性或個人喜好的問題。下面的三組判斷則都屬於「道德判斷」，即涉及「善惡正邪」的問題：

道德判斷

事實判斷

特殊的：我看見孩子受苦就會於心不忍。或者：張三其實很自私。

普遍的：任何人看見孩子受苦都會於心不忍。或者：人都是自私的。

義務判斷

特殊的：作為船長，我應當最後一個離船。

普遍的：在海上遇難時，每個船長都應當堅守他的崗位。

價值判斷

特殊的：同胞情誼是我最珍視的一種感情。

普遍的：同胞情誼是維繫社會最重要的一種情感。

總之，道德判斷可分為事實判斷和規範判斷，而規範判斷又可分為有關「正邪」的義務判斷與有關「善惡」或「好壞」的價值判斷，我們也許可以這樣區別它們：義務判斷是針對人的行為的，直接告訴人們應當怎麼做，或者說什麼行為或行為準則是正當的；而價值判斷則是針對人的品質、性格、理想、所珍惜和追求的事物的，從而試圖告訴人們應該怎樣生活，應追求怎樣的目標和事物，怎樣使自己的生活過得有意義乃至達到個人或社會的至善等等。

在實際生活中，尤其是在針對行為的時候，這種道德判斷又可以分爲兩類：一類是行爲之前的，即事先的道德選擇，這一般是指個人自我的選擇；一類是行爲之後的，即事後的道德評價，這一般是指對他人、社會輿論的評價。無論如何，它們都涉及到規範倫理學的核心問題：即我們究竟根據什麼標準或什麼理由來判斷某些行爲或行爲準則是正當的，某些行爲或行爲準則又是不正當的。如果再做細分，那麼我們可以說，道德選擇的判斷辭是「應當」與否，而道德評價的判斷辭一般是「正當」與否，當然，廣義地泛泛說來，後者也可以包括前者——「道德評價」可以包括「道德選擇」，「正當」可以包括「應當」。

3.3.義務論與目的論

我們在實際生活中所作的道德判斷一般都是具體的，我們在作出這些判斷的時候一方面是根據具體的情況進行仔細衡量，另一方面則是根據比具體的道德判斷更具一般性的規則、原則、乃至理論體系來進行判斷。我們這裏所說的道德判斷的「根據」也就是指這種理論、原則的「根據」。那麼，在現代規範倫理學中，主要有哪些理論可以做我們進行道德選擇和評價的根據呢？

倫理學的理論形態繁多，但歸納起來，主要有兩種類型的理論。或者說，透過對「善惡正邪」問題的不同回答，可以分出規範倫理學中的兩大流派，這兩大流派就是義務論或道義論（deontological theories）和目的論（teleological theories），也有的學者如彼得·辛格認爲：現在更多的學者用更直接的術語

「結果論」（consequentialism）來取代「目的論」。

在現代倫理學中，這兩種分歧的理論構成我們進行道德判斷的兩種主要理論根據。為明瞭這種分歧，我們有必要區分倫理學中的兩組概念。羅斯（Ross）指出：有兩種或兩組不同的、必須區別使用的主要倫理學範疇，一組是「正當」（right）、「應當」（ought）、「義務」（duty）等語詞，另一組則被人們稱為「好」或「善」（good）、「價值」（value）等等。許多人不區分這兩組範疇，而傾向於無區別地使用它們。然而這兩者之間其實應有一個明確的區分。「正當」主要是針對行為、過程及其規則而言；「好」的廣義則是指一切人們認為有價值的東西（在此廣義上，「正當」也可以包括在「好」或者說「價值」之中），但與「正當」相對而言時，「好」則主要是指人們所欲的生活目標、性質、品格、趣味、實際狀態以及行為結果中一切有正面意義的東西、人們希望得到的東西。

羅斯認為：「好」與「正當」是各自獨立的，不能將兩者混同起來。「好」的，並不必然是「正當」的；反過來說，「正當」的，也不一定就是「好」的。這是因為，行為是否「好」，能否帶來好處，主要依賴於該行為的目的動機及結果，而「正當」則不如此，一個行為的「正當」是由於行為本身。動機好或者結果好的行為並不一定就是正當的行為，反之亦然。羅斯這種觀點是一種典型的義務論的觀點。

於是義務論和目的論（以及價值論）的分歧也就涉及到我們究竟根據什麼標準來判斷某些行為或行為準則是正當的，某些行為或行為準則是不正當的，以及究竟把那一類概念看得更根本：是「好」或「善」呢？還是「正當」、「應當」？

義務論者把「正當」和「應當」這類概念作為基本概念，

他們認爲，其他道德概念都可以用這些概念來定義，或者至少可以說，運用其他道德謂詞的判斷都要用以這些義務性概念爲基礎的判斷作出證明。另一方面，目的論者把「價值」和「好」這類價值性概念作爲基本概念，他們認爲，義務性概念必須用這些價值性概念來定義。

典型的義務論者認爲，某些行爲之所以內在地正當或在原則上正當，是因爲它們屬於它們所是的那種行爲，或者說，因爲它們與某種形式原則相符，即這些行爲或行爲原則本身正當與否主要就因爲它們本身的性質，而一般再不必他求。另一方面，典型的目的論者認爲，某些行爲之所以「正當」，是因爲它們的「好」結果所致。還有一些與目的論者既相聯繫又有區別的哲學家，即所謂價值論的直覺主義者（如穆爾），認爲某些行爲之所以正當，是因爲這些行爲中固有的價值和好的性質所致，而不僅僅是因爲其結果的「好」，但「正當」還是依賴於「好」。

正如弗蘭克納所指出的：目的論認爲判斷道德意義上的正當與否的基本或最終標準是非道德價值（「好」），這種非道德價值是作爲行爲的結果而存在的，最終的直接或間接的要求必須是產生大量的「好處」，更確切地說，是產生的「好處」超過「壞處」，產生的利益超過損耗。而義務論者斷言，除了行爲結果的好壞之外，至少還要考慮到其他因素，是它們使行爲或準則成爲正當的。這些因素不是行爲結果的價值，而是行爲本身所具有的特性。義務論的倫理學並傾向於考察一切能夠從道德上進行評價的行爲，對它們都附加某種底線約束——即不能逾越某個界限，它關注的不是行爲要達到什麼目的，而是行爲的方式，行爲對他人的影響，不是一個人爲什麼要做某件事，他要透過這件事達到什麼目的和效果，而是他怎樣做這件事，他所做的這件事情在道德上屬於什麼性質的行為。

我們這裏要注意：這裏所討論的問題不同於道德評價是應當根據動機還是效果，或者說「志功」的問題，首先問題的層次不同，前者主要針對行為而言，或者說主要是對事不對人，是涉及所有道德判斷的倫理學的中心問題，尤其是現代倫理學的核心問題，後者則主要是對人的評價問題，在傳統倫理學中較具份量，並且邏輯上應以對前者的回答為前提，因為前者是回答「究竟什麼是正當的，什麼是合乎道德的」，而後者則只有在這一標準已經確立之後，才能具體應用到人們身上。所以，我們在此還應注意：「目的」一詞不是指主觀目的和動機，不是指還在人心裏、有待實現的「目的」，而是已經實現的「目的」，我們實際上就是透過其結果來判斷其目的的，所以說，在這個意義上，「結果論」的用法比「目的論」更直接明瞭。

義務論把針對人的行為而發的道德義務判斷看作更基本的、更優先的。它認為對人及其品質的評價最終要依賴於對他的一系列行為的評價，善惡的價值判斷最終要歸結為行為的正當與否，而行為的正當與否，則要看該行為本身所固有的特性或者行為準則的性質是什麼。例如，康德的「你應當遵守諾言」這一例子所指示的行為準則就是一種可普遍化，以人為目的和自我立法的準則，因而就構成對人的一種絕對的道德命令，而不管守諾會帶來好的還是壞的結果。在此，正當是優先於「好」的，是不依賴於「好」來確定的。

目的論則認為，人的一切行為都是有目的的，都是要達到某種結果的。我們可能確定某種（或幾種）「好」為最根本的「好」，為最高或最終的價值，那麼，我們就可以根據這一根本的「好」來規範我們的行爲，來確定什麼行爲是正當的，什麼行爲是不正當的，例如，功利主義就是這樣一種目的論觀點，它首先把「好」定義爲功利，然後再把「正當」定義爲能夠最大限度地增加「好」（功利）的東西。這樣，「好」就是優先於正當的，正當依賴於「好」來確定。

以上是理論上的一個辨別，在實踐中當然常常並不如此清晰地兩分，實際的道德選擇是複雜的，義務論和目的論常常會支持同樣的行爲規範和標準，在大部分正常情況下，義務論和目的論的主要派別完善論、功利主義並不衝突，所支持的行爲規則是一樣的，只是後面的理由不同，但在某些特殊的邊緣情況下，究竟是堅持義務論還是目的論還是會有很大的差別，而恰恰是在這樣的情況下，最能衡量出一種理論的意義。比如說，義務論與目的論可能在一般情況下都會贊成不去傷害一個無辜者，但是，如果在某種雖然會傷害某個無辜者，卻能給大多數人帶來很大好處的特殊情況下，目的論就可能贊成傷害這個無辜者，而義務論卻仍要表示反對。而且，問題還不在於這樣的特殊情況，而是目的論有可能被濫用來爲「只要目的正確，採取任何手段都可以」的觀點服務，而這時「目的」也很可能會被擁有對它的解釋權的人隨意解釋。

康德是義務論的典型代表，由於本書較傾向於一種溫和的義務論觀點，這種觀點還將在後面的章節中較多地予以陳述。所以，我們下面先主要介紹幾種目的論的理論：利己主義、功利主義和完善論。

3.4 利己主義

利己主義源遠流長，它在理論上雖然備受非議，在實際生活中卻常常是根深柢固地存在著和流行著。我們在前面的選擇中就可以看到自我優先的行為準則被列在第一位，當然，這種選擇可能並不都是出於利己主義原則，也可能是出於「我日後將對社會做出較大貢獻」的功利主義原則。

從事實與價值的關係來說，利己主義可分為心理利己主義和倫理利己主義。心理利己主義認為所有人實際上都是在謀求自己的利益，或者說追求自己的幸福。所謂「人人為自己，上帝為大家」、「人不為己，天誅地滅」、「人為財死，鳥為食亡」等說法都是這種利己主義的通俗說法。倫理利己主義則是作為一種價值規範提出來的，認為人不僅事實上是追求自己的利益，人也應當如此去謀求自己的利益。

從行為的主體或者說是特稱判斷還是全稱判斷來說，利己主義又可分為兩種：一是特殊的或自我的利己主義，二是普遍的或全稱的利己主義。前者是認為其他人都應當優先服從我的利益，都應當為我服務，或者說不管別人是怎樣行動，是利他還是利己，我反正是最關心我自己的利益。後者則認為所有人都應當追求自己的利益，按照是否增進自己的利益的標準來行動。

那種自我的利己主義是談不上理論化的，它首先受到了人稱的限制，實行者常常只是做而不說，甚至說的是相反的話，如此才能保證他自己的最大利益。它常常只是作為一種密而不宣的私人實踐原則在產生作用。在這個意義上，那種普遍的、可以公開宣稱的利己主義比起它來說甚至是一個進步，因為，一個人的利己主義由此受到了其他所有人的利己主義的限制和糾正，這對一個執迷不悟、難以說服的利己主義者甚至是一種最好的糾正，因為他只有碰到他人利益堅硬的牆時才知道停止。普遍的利己主義也就是一種「合理的」或者說「開明的」利己主義，它勝過極端的利己主義是因為它畢竟採取了一種「一視同仁」的原則。所以，有的倡導普遍利己主義的人如快樂主義者伊比鳩魯之所以個人品德仍然讓人敬佩，也許是：第一，他承認了他人利己和自愛的權利；第二，他實際上把「利益」精神化了，把精神上的寧靜自足和無紛擾視為自己最大的利益和快樂。但是，這並不意味著他所主張的原則就正確：第一，並不是所有人都會如此理解「利益」；第二，如果所有人都追求自己的利益，那麼，大家又都生活在同一個社會裏，如何把各個人的各種利益分出先後呢？當利益發生衝突時，又如何裁決利益的衝突呢？羅爾斯曾把利己主義描述為一種不想訂立社會契約的立場不無道理。

自我的利己主義在理論上幾乎可以不予考慮，而「普遍利己主義」的最大問題恰恰是它實際上無法普遍化。我們生活的世界是一個「相互作為主體，同時也相互作為對象」的世界。而一個損人利己的行為者必須永遠使自己處在主體的地位，這當然是不可能的，如果可以普遍化，如果其他人也能成為同樣行為的主體，那麼，或者是自己的利己行為落空，或者是反而處在一個受害者的地位。也就是說，這一利己準則和它所達到的正相反對，它傾向於自我拆臺、自我挫敗，要「普遍」就無法「利己」，要「利己」就無法「普遍」。

當然，這並不是否定人們合理的自我關懷或自愛，而只是說，利己主義無法作爲一個我們據以進行道德判斷的普遍原則。個人常常是他自己利益的最好判斷者。正如約翰·杜威所說，「只有自己最清楚鞋子在哪裏夾腳」，人的知識和能力是有限的，他只能在某種切己的範圍內瞭解資訊和進行判斷，同時，人也只有首先把自己打造成器，才談得上爲社會有效服務，所以，他不能不對自己有一種基本的關心，只是這種關心不應逾越合理的範圍。

3.5 功利主義

功利主義（utilitarianism）的含義，用《功利主義》一書的作者約翰·密爾的話說是：「承認功利爲道德基礎的信條，換言之，最大幸福主義，主張行爲的正當是與它增進幸福的傾向爲比例；行爲的不正當是與它產生不幸福的傾向爲比例。幸福是指快樂與免除痛苦；不幸福是指痛苦和喪失快樂。」我們從上述對「幸福」的理解可以看出現代以休謨、邊沁、密爾、西季維克爲代表的功利主義與歷史上以伊比鳩魯爲代表的快樂主義的聯繫，它們的主要區別，其一在於古代快樂主義較強調「幸福」的主觀的、心理的方面，或者說更強調「快樂」，而現代功利主義更強調「幸福」的客觀的、可見利益和效用的一面；其二是古代快樂主義較強調以個人、自我爲幸福的主體，而現代功利主義更強調社會整體或大多數人的幸福。邊沁的「最大多數人的最大幸福」的公式是功利主義原則的一個簡明扼要的概括，但是，究竟是更強調「幸福」或者說「好處」的最大量，還是更強調得到幸福的「人數」的最大量，對功利主義還是個難題，因爲這兩者是可能有矛盾的，還有在這些人數中如何公正分配利益和好處、快樂和幸福是否僅從量上衡量還是也考慮其質，對功利主義也構成困難。邊沁提出過「一個只能算一個，不能算作更多」含有平等的意味，密爾也說過「做一個不滿足的人，要比做一隻滿足的豬好」，把快樂精神化甚至道德化，但類似的一些修正有可能以失去功利主義原則的明確性和唯一性爲代價。

功利主義可以分爲行爲功利主義與規則功利主義。行爲功利主義根據具體情況下的具體行爲所產生的效果來確證一個行爲是否正當，而規則功利主義則是根據某類規則來加以確證的。當然這些規則本身又需要經過功利原則來加以確證。對於行爲功利主義者而言，正確的行爲是在該情況下能夠產生最大功利的行爲。但是行爲功利主義沒有將各種情況的不確定性和社會事情的複雜加以充分考慮，對於許多行爲的結果，特別是間接後果是我們難以判斷的，因此根據行爲功利主義一是容易產生差錯，其次是計算在某些情況下將變得非常困難。

因此，規則功利主義者強調規則在道德中佔有核心地位，規則不能因爲特殊情況的需要而被放棄。當然，它也認爲，這些規則之中的每一條之所以被人們所接受，正是因爲普遍地遵守這些規則會比遵守任何可以替換的規則能產生更大的功利。但是，我們還是可以把規則功利主義看作是對強調行爲規則的義務論的一個讓步。功利主義經常要受到如何比較、計算和確定善的問題的困擾，它也不能爲如何防止不正義的分配提供有力的防範，但它確實又具有單純明晰的特點，也切合許多人的思想氣質，在一般情況下也常常是足敷應用。

3.6 完善論

完善論（perfectionism）又可稱「至善論」、「至善主義」，或者「自我實現論」、「精力論」，乃至「卓越論」、「德性論」、「價值論」，與一元論、目的論的功利主義不同，從總體上看，它也許可以被稱之爲一種綜合的、甚至多元的目的論，它主張道德應當幫助人們去實現完善的、全面發展的目的，去努力達到人生各方面的卓越和優秀，達到至善，而尤其是達到人在道德德性和人格上的盡善盡美。它是以人爲中心而不是以原則爲中心的，是致力於在人格和德性上不斷超越、盡可能地力求達到人的最高境界，展示人的最卓越的方面。它主要是想回答「我應當成爲什麼樣的人？」而不是「一個人應當怎樣做？」當然，各個道德哲學家或哲學流派對卓越和德性的理解會有所不同，他們或強調不同的側面，或傾向於一種較爲綜合的理解。而當問到是「誰的完善？誰的自我實現？」時，哲學家們的回答可能是或偏重於指個人、一己的自我，或偏重於指從某個範圍內的集體一直到全人類的「大我」，由此也產生出完善論的不同派別。

廣義的完善論是在傳統社會佔據支配地位和最有影響力的倫理學理論。其主要代表在西方包括從蘇格拉底、柏拉圖、亞里士多德、斯多噶派一直到費希特、黑格爾、包爾生、格林等。中國的儒家學說也基本上說是一種完善論，它的目的是致力於使自我或者說一個處在社會上層進行統治的知識群體成爲「君子」，成爲「聖賢」。由於這種「君子」是主要從道德上衡量，其德性和卓越主要是指道德上的優秀和卓越，所以和斯多噶派相當接近，即都有一種先使「好」與「善」（道德上的「好」）結合，再使「善」與「正當」結合起來的傾向，即使道德君子或者說一種有德性的生活成爲它們追求的主要乃至唯一的目的，所以在它們那裏，這種德性的目的論又表現出一種義務論的特點，但是無論如何，在它們看來，「善」還是比「正當」更根本，在兩者的關係中，還是由「善」來定義「正當」，而不是由「正當」來定義「善」。

聯繫到社會變遷，我們也許可以說，完善論主要是傳統社會佔優勢的倫理學理論，常常和一種追求人類的優秀和卓越的價値觀念聯繫在一起，所以，它的訴求雖然也以普遍的形式出現，實際上卻有一種精英的性質，它更重視質，重視人生精神和超越的一面。功利主義則主要是在現代社會佔優勢的倫理學理論——即便說理論上不佔優勢，那麼在實際生活中也是佔優勢的，它和現代人重視經濟和物質利益的價値觀念有關，所以，它倒確實有一種平民的性質，它更重視量，重視人生物質和實際的一面。

4. 道德原則的論證

有兩樣東西，我們愈經常、愈持久地加以思索，它們就愈使心靈充滿日新月異、有加無已的景仰和敬畏：在我頭上的星空和在我心中的道德律。

康德《實踐理性批判》

康德（Kant, 1724-1804），德國著名哲學家，義務論倫理學的主要代表，著有《純粹理性批判》、《實踐理性批判》、《判斷力批判》、《道德形而上學基礎》、《道德形而上學》、《理性範圍內的宗教》和《永久和平論》等著作。他一生幾乎沒有離開過自己的家鄉，但他的思想卻對世界產生了持久和深刻的影響。

在上一章「道德判斷的根據」中，我們展示了人們進行道德選擇和評價時所訴諸的理論根據之異，在這一章裏，我們將試圖尋找一些共同點，考慮是否有可能建立某些具有原則意義的道德共識。但是，我們在本章並不具體提出某一項道德原則而圍繞著其進行證明，而是更注意一般地提出道德原則的必要性和可能性。所謂道德原則，也就是指構成一種倫理規範體系的核心的、最爲概括和抽象、最具有普遍性的準則。在道德實踐中，它是作爲道德判斷的根本依據、道德選擇和評價的最後標準產生作用，我們在前一章中討論道德判斷的依據，最後就都要追溯到道德原則。

在歷史上，人們提出了各種各樣的道德原則，如快樂主義的道德原則：快樂是最高的善；亞里士多德的完善論的道德原則：人在各種德性方面的充分和全面的發展；以及邊沁所提出的功利主義的道德原則：「最大多數人的最大幸福」。這些原則都曾經在實踐中發揮過很大作用，人們對道德原則也深信不疑，如果對某一原則產生懷疑，往往也會提出另一個原則來代替，但到了現代，尤其是二十世紀，人們對道德原則本身產生了懷疑，這樣，探尋是否還有原則存在的餘地，普遍性的道德原則是否可能、如何可能，亦即論證的問題，就變得非常重要了。

4.1 作爲道德原則的普遍性

我們首先說一說原則規範的意義。人們可能會問：爲什麼我們一定要承諾某種普遍原則或者規範？每個人直接地和具體地去面對每一個行爲境遇進行判斷不是更好、更貼切嗎？爲什麼還要訴諸一些約束人的準則規範？並且，規範又不可能告訴我們在每一個具體行爲境遇中究竟如何做，還是常常得分析具體情況才知道怎麼辦，那麼，要它們又有何用？這裏有一種「要麼全部，要麼全不」的思路，似乎只有道德規範能使我們每個人都能一勞永逸地知道在道德上如何行動時，我們才可承認和接受規範。但規範實際上只是產生一般規範的作用，而它們之所以能一般地起作用，是因爲我們的生活和行動中有許多類似的情況，我們可以在這些類似的情況下採取類似的行動。在每一次可能涉及道德行爲的處境中，每個人都重新由自己根據自己的感覺和判斷來選擇一次，不僅是不可能的，也是不必要的。個人早就可以根據這些境遇的類似點總結出適當的行動準則了，行爲境遇雖然不可能完全一樣，但還是有很多共同點可尋。並且，重要的是，如果在一個人的行爲中全無準則、規律可尋，只是一系列碎片、斷片、轉折，我們甚至完全無法判斷他的人格、德性，也無法預期他可能的行爲而相應地與之交往。所以，即便只是從個人人格的完整性和統一性來說，個人也必須有某些自己的生活準則、道德準則，在個人的行爲中需要有某種前後一貫性存在。

那是否只需個人準則即可，而不需要普遍的規範？或者，我們每一個人都可以，也應該按照某些形式的責任感或目的（如功利、幸福、完善、自我實現等等）在每一個具體行爲境遇中重新判斷和作出抉擇。然而，不僅在一個人生活面對的行爲境遇中存在著許多類似之點，在這個人和那個人的行爲境遇中也同樣存在著許多類似之點，我們爲什麼不可以根據這些類似之點建立某些一般規範，並在類似的境遇中應用這些規範呢？

當然，有時候我們需要面對一些無前例可循的邊緣境況而必須自己相當獨立地作出道德抉擇，但即使在一個人的一生中，這樣的境況可能也不是很多。我們沒有必要花費很多時間、精力以及深重的焦慮、不安去面對一些本來應用規範就可輕易應對的日常境況。何況這裏還有一個主觀能力和客觀資訊的問題。而即便在上述那種邊緣處境中，我們的抉擇也需要尋求某種指導或助力，並非是全無依憑或借鑒。我們也還必須考慮人性中的差別，考慮到所有人。

但即便承認原則規範的意義，還有一個它們是否可能的問題。原則實際上也就是最高的規範。作爲一個道德原則，它在形式上如何能成立？我們可借用羅爾斯對正義原則所提出的五個形式要件來說明，這五個條件是：一般性、普遍性、公開性、有序性和終極性。換言之，一個道德原則必須具有一般的形式，普遍適用於一切場合，能夠公開地作爲排列各種衝突要求之次序的最後結論來接受。

我們這裏主要談前兩個條件：即原則的內容首先應當是一般性質的，要表達一般的性質和聯繫，而不涉及具體的個人或事物。其次，原則在應用中，也必須是普遍有效的，即它們適用於一切場合、一切個人，它們因道德人格而必然對每個人有效。如果要區別一般性的條件限制和普遍性的條件限制，可以說，前者是指原則本身是高度概括和抽象的，不涉及任何具體的事情和特定的人物，後者是指原則能普遍地應用於一切場合和一切人。但是，這兩個條件顯然是緊密聯繫在一起的，普遍適用於所有人的原則，它不可能是包含有特殊內容的。所以，我們講道德原則的「普遍性」，也可以把這種「一般性」包括在內。

這樣，所有特殊人稱的行爲準則就都應當從道德原則的表格中排除出去了，尤其是兩種特殊的利己主義：一種是要求別人都服務於他自己的利益的專制型利己主義，另一種是要求別人都履行義務而自己卻可豁免的逃票型利己主義。

在實質的意義上，「普遍性」還涉及到道德原則的眞實性，即涉及到一種客觀的普遍性，比如快樂主義說快樂是最高的善，因而所有人都應當追求快樂。這個原則在形式上是成立的。但質疑者就可以問：是不是快樂眞的是最高的善？

另外，在實踐的意義上，人們還可以問：一個道德原則是否眞的能夠普遍化？是否眞的能夠得到所有人或至少是絕大多數人的支持或認可，成爲一個社會的普遍共識？

這樣，如果我們廣義地考慮道德原則的「普遍性」，就可以說有三層不同的含義：首先的一個含義是，這裏提出的道德原則是要面向這個社會的所有人的，是要普遍地對社會的每一個成員提出要求，而不是僅僅要求其中的一部分人，即不會要求一部分人而另一部分人豁免。而且，這些要求是同等的，並不因人而異，不因每個人的出身、貧富、地位、種族的差別而有差異，即不會要求某些人嚴些，要求某些人鬆些。

其次，它也認爲自己提出的義務是確實具有某種客觀普遍性的，是具有某種邏輯的根據和充分理由的，乃至也符合一般人心中的道德直覺和正常情況下形成的普通人具有的常識，符合被社會廣泛尊重的一些基本道德判斷，即一種對立於道德相對主義、虛無主義的「普遍性」。

最後，它也致力於尋求所有人的共識，甚至可以說它的構建方式就主要是在各種歧異的價值觀念和道德理論中尋求一些基本的共同之點。

我們首先要考慮的是：道德原則應當是面向所有人的，而且應當是平等地面向所有人的。現代社會的道德原則不是像較為正常的傳統等級社會那樣僅僅要求其中最居高位，或最有教養的少數人，也不是像在歷史上某些特殊的過度時期、異化階段那樣僅僅要求除一個人或少數人之外的大多數人。

在中國的傳統社會，社會被公開地分為兩大等級階層：官與民。而對官員的要求理論上是應當負有更高的道德要求，這還不僅是那種任何社會都會賦予的政治職責的要求，而是和文化有關，即中國的官員是來自「學而優則仕」的科舉制度，是官員和學者結合為一體的「士大夫」階層，並接受儒家思想的支配，而儒家認為這樣一個「士大夫」的上層應該「希聖希賢」，成為社會的道德榜樣，從而也影響到社會的廣大民眾，使其風俗淳樸。所以，對一個多數的下層和對一個少數的上層的道德要求理論上是不同的，前者較低，後者較高，當然，這種道德體制並不妨礙、甚至鼓勵下層的傑出者作為個人升到上層，但社會的道德確實是兩分的，有君子的道德，也有庶人的道德，相對於等級政治的是一種等級道德。所以，按上面所說的適用的對象看，傳統社會的道德還不是一種真正的「普遍道德」，而是具有一種文化和道德精英主義的特徵。

但是，當現代進入一個以平等為標誌的社會，建設一個具有普遍涵蓋性和平等適度性的社會倫理體系就變得勢在必行了。現代社會道德的基本立場之所以要從一種精英的，自我追求至善、聖潔的觀點，轉向一種面向全社會、平等適度、立足公平正直的觀點，在某種意義上正是因為社會從一種精英等級制的傳統形態轉向了一種「平等多元」的現代形態。

4.2 尋求共識

我們在本節試圖提出和強調一個「道德共識」（moral consensus）的概念，這一共識從性質上說是道德的，從範圍上說是政治的，從內容上說是規範的，從程度上說是底線的。

尋求一種道德共識的必要性來自社會本身，而其迫切性則來自這個時代，來自現代社會。任何一個社會都需要一種基本的道德共識才能維繫，才不致崩潰。而現代社會由於趨於多元，則更迫切地需要凝聚起某種道德共識。

現代社會的平等趨向即意味著價值取向的分化，在傳統社會中，一個社會的精神道德和意識形態往往也就是統治階層的精神道德和意識形態，而在現代社會裏，由於平等的觀念和信仰的自由，價值的追求也就變得越來越歧異了。近代以來人們的社會地位和政治權利日趨平等，人們的價值觀念也就越來越多元化，人們對究竟什麼是好的生活、什麼是幸福的理解也就越來越歧異，越來越強調自己獨特的理解，即強調什麼生活對我來說是好的生活，什麼是我所理解的幸福。

傳統社會和現代社會在這方面的主要區別不是在社會存在不存在價值差異，而是在如何對待這些差異：傳統社會的態度是抑制和消解這些差別，而使人們的價值觀念趨於統一，用某一個有關「好」的根本價值觀念來規範和約束人們的行爲；但現代社會看來必須走另外一條路，它必須接受和承認人們在價值觀念上的差別，甚至把這種差別狀態視爲正當，或至少視爲正常，視爲將持久存在、我們不得不接受的狀態。承認社會上人們的生活方式正日益多樣化，人們的價值觀念也正日趨多元，這就是我們必須面對的一個基本的社會事實。所以，時代面臨的問題就不是以一種價值觀念戰勝其他的價值觀念，以一種生活方式統一其他的生活方式，而是首先使人們不打架，使我們大家都能活著，彼此相安無事，甚至還達到某種客觀上的互補和主觀上的溝通。而這種能夠使我們和平共處的規則就是我們首先要尋求的道德共識。

我們在此可借鑒羅爾斯有關「重疊的共識」（overlapping consensus）的觀點。他認爲，現代社會實際上是一個合理的價值多元的社會，有相當多的不可調和、甚至不可比的宗教、哲學理論共存於制度的結構之中，自由民主制度本身也鼓勵這種多元化，因而現在人們就面臨了這樣一種情況：必須把多元看作一種正常狀態和持久條件，而不是例外和反常。這樣，就必須努力尋求一種爲各種廣泛的宗教、哲學與道德理論認可的持續共識，且這種共識不宜透過國家力量來維持，而是要得到其政治上活躍的公民的一種實質性多數的自願和自由的支持。

這種共識的特點是：首先，它不是廣泛的、無所不包的，而是範圍受到嚴格限制的，即不僅不包括私人生活的領域，而只是涉及公共生活的領域，而且只涉及公共生活中的政治領域，即它只是一種「政治的共識」。其次，這種共識不是像一個圓圈那樣單一的，而是「重疊的」，或者說「聚焦的」，即它不是被包含在一個廣泛的解釋人生的宗教、哲學或政治的理論之中，而是獨立的、就像一個小圓點一樣被多種宗教、哲學或政治的理論所聚焦和支持。換言之，它不是從任何一種廣泛理論引申而來的，不以任何一種廣泛理論作爲自己唯一的基礎。

這樣一種在一個多元社會裏尋找共識，或者說處理多元與普遍的關係的努力，我們在許多思想者，例如李普曼的「公共哲學」、貝爾的「公眾家庭」、哈伯瑪斯的「話語倫理」那裏都可以看到。無論如何，現代人已經進入這樣一個社會：數百年來社會平等的迅猛發展，個性自由的極度宣揚，使人們的生活方式和價值觀念越來越呈現出差別，追求的目標相當歧異。從尼采、沙特到傅柯、德希達的一些思想家也以其頭等的天才投入了消解傳統共識的努力；而另一方面，我們也可以看到種種對共識及統一的社會紐帶崩裂瓦解的痛心疾首和激烈反應：有些人主張全面回歸傳統，也有的人主張以一種宗教的復興來拯救世界，還有的人寄希望於一種在信仰、情感、規範方面都相當一致的共同體生活，例如西方的共同體主義（communitarianism）所期望的。但更多的思想者可能還是在艱難地尋求一種中道，也就是說，他們一方面承認和接受多元的事實，乃至於承認多元在道德上的正當性，另一方面又堅持仍然有一種超越於各個自我、各個團體、各個民族和各種文化的普遍的東西。

所以我們要問自己，我們是否對此有足夠的精神和理論準備？作爲多元中的一元，作爲行爲主體，我們可能會樂於享受多元，但我們同時也是行爲的對象，我們也許還要面對如何忍受多元的問題，如此我們就不可避免地也要遇到如何建立多元共存的普遍共識問題。我們就要考慮：我們有可能尋求什麼樣的共識？在什麼地方尋求共識？我們還能夠像傳統社會那樣達到終極信仰和價值追求方面的統一嗎？抑或應該優先達到規範方面的普遍共識，即達到「規範共識」而非「價值共識」，達到有關「正當」、「正義」的共識而不是「好」的共識。後一種共識還是可以在一部分人那裏達到，在各種社會團體那裏達到，他們不僅共用享全社會統一的規則共識，也在自己的社團裏共享著價值共識、趣味共識或信仰共識，但是這種共識只是在可以自願參加和退出的社團裏存在，它不是全社會的、不是具有某種強制性的，而全社會的普遍共識則主要表現為一些最基本的社會制度和個人行為的原則規範。沒有這些基本規範，人類社會實際上就不可能持久生存，更談不上協調發展。

這裏關鍵的是區分行為規範與支持體系。這些有關行為規範的普遍共識要尋求各種合理的精神信仰體系或廣泛價值理論的合力支持，而非僅僅一個精神信仰體系或廣泛價值理論獨立的支持，即不是「只此一家，別無分店」的支持，而是「多多益善」的支持，換言之，現代社會的道德共識不僅要尋求宗教信仰者的支持，還要尋求無神論者、懷疑論者、不可知論者的支持；而在宗教信仰者裏面，也是應尋求各種宗教，例如基督教、回教、佛教、道教等各種宗教的支持，而不是僅僅一家一派宗教的支持，即讓精神動力的源頭活水盡可能地廣泛而不是單一，而對基本行為規範的認識卻趨於統一。

4.3 現代社會倫理的基本性

從上面的論述我們可以看出：在各種尋求道德共識的努力中，至少有一點是可以明確的，即各方的共識不宜再是基於某種全面的人生哲學或者宗教體系，不宜再是一方完全統一或吃掉另一方，現代社會在終極信仰甚或價值追求方面的共識很難普遍地在全社會達成，或者說很難在「政治的領域」達成，而且，如果要在這個領域追求一種統一價值和信仰的目標，還有一種巨大的危險，那就是我們在二十世紀的人爲災難中所看到的危險。所以，我們不能不強調現代社會倫理的基本性。

在任何社會中，對這個社會的成員或大多數人所要求的倫理與個人自我追求的倫理的要求是不同的，前者顯然要低一些，這一點我們可以用一個熟悉的排隊的例子來說明。排隊的規則是：先到者排在前面，後到者排在後面，自己不插隊，也不夾帶人。如果大家都不遵守這一要求，也就沒有了排隊。但能不能提出比這更高的要求作爲普遍的規範呢？我們這裏所說的還不是呼籲而是規範，規範就要求大家都要履行，有時還有一種外在的強制力來督促這種履行。比方說，假如規範要求每個排隊者都先人後己、禮讓別人。這樣，每個排隊者就都既要主動讓比自己後到的人，也要反過來讓比自己先到的人，但這樣排隊者可能很快就要「讓成一團」。情景就像古代小說所寫的那樣，許多客人進屋來，互相拱手作揖，許久卻誰都不能落座。這樣無形中也像那種沒有規則的「擠成一團」、「亂作一團」一樣取消了排隊。

一個人願意把自己應得的權益讓給別人可不可以呢？當然可以，而且是一種高尚行爲。但是，首先這不能作爲一種對所有排隊者的規則要求，而應是一件由他自己決定的事情，也就是說不能強迫，而只能自願。眞誠的禮讓者自然是令人敬佩和感動的，一個社會沒有這樣的人，也就會沒有了希望，沒有了感人的東西，沒有了個人努力的鼓舞和激勵。但從人性、從歷史我們都可以得到可靠的資訊：這樣的人不會太多，也許正是因此，他們才顯出自身努力的意義。而從整個社會建立秩序規則來說，我們所需要的只是「先來先買，後到後買」的基本規則。而這種規則對於維護一個社會的基本運轉也足敷應用。而到了人們的價值觀念歧異化的現代，這還是一個不得不如此的選擇。

我們可以用「底線倫理」來描述這種現代社會倫理的基本性。「底線」是一個比喻，一是說這裏所講的「倫理」並非人生的全部，也不是人生的最高理想，而只是下面的基礎，但這種基礎又極其重要，擁有一種相對於價值理想的優先性；二是說它還是一種人們行爲的最起碼、最低限度的界限，人不能夠完全爲所欲爲，而是總要有所不爲。

每個人都有自己的人生目標和價值欲求，但人必須先滿足一種道德底線，然後才能去追求自己的生活理想。道德並不是人生的全部，一個人可以在不違反基本道德要求的前提下，繼續一種一心爲道德、爲聖潔、爲信仰的人生，攀登自己生命的高峰，但他也可以追求一種爲藝術、審美的人生，在另一個方面展示人性的崇高和優越，他也可以爲平靜安適的一生，乃至爲快樂享受的一生，只要他的這種追求不損害其他人的合理追求。

道德底線雖然只是一種基礎性的東西，卻具有一種邏輯的優先性：蓋一棟房子，你必須先從基礎開始。並且，這一基礎應當是可以爲有各種合理生活計畫的人普遍共享的，而不宜從一種特殊式樣的房子來規定一切，不宜從一種特殊的價值和生活體系引申出所有人的道德規範。至於整個生活方式的問題，生命終極意義的問題，可交由各種人生哲學與宗教以不同的方式去處理。

嚴守道德底線需要得到人生理想的支持，而去實現任何人生理想也要受到道德底線的限制。但兩者又有區分：底線在共識的意義上也許可以說是一個單數，底線只是一個，並不是說對不同的人有不同的標準，它是對全社會的，它對所有人都是同等要求的，並且它在某些範圍內還可以有某種法律和輿論的強制；而今天人們的生活理想卻可以說是趨向於一個複數，人們的價值追求和終極關切是不一樣的，它們也是屬於個人自願的選擇。

當然，說「底線是一個單數，底線只是一個」，並不是說這一底線是某一個人或統治階層來規定的，或者說內容是始終固定不變的。相反，底線的大致確定和內容闡述恰恰是需要透過所有相關人、所有各方來進行平等的對話、交流和討論，需要透過反覆的論證和闡釋來達到的。現在優先的問題是需要如此闡述一種底線倫理，以使它得到不是一種人生理想與價值體系的獨斷的支持和闡釋，而是得到持有各種合理的人生理想與價值體系的人們的共同支持。現時代正使我們面臨這樣一種處境：最小範圍內的道德規範需要最大範圍內的人們的同意和共識；最底限度的道德約束呼喚著最高精神的支持。所以說，強調道德底線與基本義務，和提倡人生理想與超越精神，又是緊密聯繫、完全可以互補的。但在今天的社會情況下，首先必須區分這兩者才談得上眞正有效和持久的互補。

4.4 道德原則論證的幾種可能方向

下面，我們還想一般地談談論證道德原則可能採取的幾種主要論據類型：

第一種可能的論證方向是形式理性和充分理由。它們主要訴諸的是人的理性。所謂「形式理性」，這裏是指康德的「可普遍化原理」，這一原理簡單說來就是：你應當如此行動或行爲，考慮到使你的意志所遵循的準則永遠同時能夠成爲一條普遍的立法原理。我們要注意，這一原理的要義與其說是「凡能普遍化的準則都是道德原則」，而不如說是「凡不能普遍化的準則都不適合作爲道德原則」。即它的主要作用是用來排除非道德和不道德的原則，而不是用來構建道德原則。只有能夠通過這種檢驗的規範才是符合道德的規範，比如說謊、許假諾言的行爲準則就不可能被普遍化，因爲一旦普遍化，也就會「無諾可許」、「無人可騙」，從而也就無所謂「許諾」和「欺騙」了，邏輯上它們就將自己取消自己，自己將自己挫敗。

但是，「可普遍化原理」顯然只是檢驗和論證道德規範的一個必要條件，而並不是一個充分條件。如果它是的話，規範倫理學的任務也就終結了。如果我們在生活中應當如何選擇我們的行爲都可以透過原則規範來告訴我們，那還要我們個人的道德判斷力做什麼用呢？正因爲「可普遍化原理」不是一個充分條件，才爲倫理學的疑問、困惑，從而也是展開和應用留下了廣闊的空間。它實際上只是一個形式的條件，一個邏輯的要件，而且，它產生作用的範圍和方式也受到人類社會歷史條件發展的影響，它只是在近代進入相對平等、民主的社會時才開始佔據一個突出地位。在傳統等級社會中，常常是德性學，人格倫理學更佔優勢地位——但以爲這類倫理學中不含規範卻是一種誤解，只是這些規範相對於力求完善和高尚的人格與德性是第二位的而已。這類德性、人格倫理學實際都隱含有一種優越的精英論的色彩，但這種倫理學倒也是適合當時的精英等級社會。而康德力倡的普遍規範倫理學則具有一種平民倫理學、公民倫理學的色彩。所以，在近代以來趨向平等的社會中，由規範倫理學佔據主導地位並非偶然。

既然「形式理性」是必要的但又是不夠的，我們就還要考慮到提出或履行一個道德原則或規範的「充分理由」，我們這裏所說的「充分理由」，尤其是指那些涉及到內容、涉及到實質性問題，涉及到人們行為的動機、目的、境遇和可能後果的理由。這裏的判斷和論證就基本上是具體情況具體分析，但它的思路仍然是說理的、分析和推理的，是不斷將較為一般的原則與具體情況相對照，再努力提出或驗證一些較普遍的行為格準。我們的道德選擇是一個複雜的過程，經常是在一般與特殊、抽象與具體之間反覆對照和思考。

第二種可能的論證方向是個人直覺與社會常識。直覺主義是西方，尤其是英國倫理學中一個影響深遠的流派，中國儒家的道德哲學中也有很強勢的直覺主義成分，而人們在道德實踐的觀照和內省中，也不難發現直覺的作用。論證中有時追溯到一些很基本的命題，就會發現像數學中的“2＋2＝4”一樣，幾乎是無法再論證，而只能是用直覺去辨明和肯定了。

但個人一己的直覺是否總能靠得住呢？我們就需要在自己的直覺與他人的直覺之間取得某種平衡，這種他人的直覺往往就表現為社會的常識。在正常的情況下，在一個比較穩定的社會中，比較健全的常識往往也會成為比較流行的常識，成為佔優勢的某種社會輿論或強固的民間信念。這樣，我們就有可能透過在自己提出的道德理論與社會的主流信念的反覆對照和互相修正中得到某種驗證，像羅爾斯的「反省的平衡」就是這樣一種論證方式。

第三種可能的論證方向是歷史傳統與世界文明。訴諸傳統在傳統社會中是相當普遍和有效的一種論證方式，例如所謂

「引經據典」，透過引證古代的權威和先聖來證明自己的觀點，這種方式雖然在現代社會不可能再產生那樣大的作用，但是也不可全然拋棄，至少我們也可作爲對我們古代的先人的道德智慧的經驗性觀察予以保留，而且除了縱的觀察，我們還可放眼世界，從橫的方面考察其他文明的道德狀況。

以上第一種論證方式主要是訴諸理性，第二種主要是訴諸直覺經驗及其社會性的積澱，第三種主要是訴諸感情和經驗性觀察。當然，這三個方面的因素又是互相滲透的。對於道德論證來說，理性的能力當然是最基本的，但也不能完全排斥直覺、經驗乃至感情。爲了建設一種合理、健全的社會倫理體系，我們將需要一種綜合性的持久努力。

4.5 原則與例外

最後，我們還想略微談談原則與例外的問題。「例外」常常被用來否定原則，或者是說這原則事實上人們做不到，或者說現實生活的複雜處境經常迫使我們不能按原則行事，而且這種不能按原則行事還不是因爲我們要滿足個人的私利，而是要滿足另外的義務要求，或要產生總體上好的結果。如果這樣的話，那原則還有什麼意義？所以，對原則的論證還有必要注意「例外」的問題，對「例外」的解釋亦可看作對原則的一種證明。

我們首先有必要澄清一種誤解：即以爲所有人都能夠做得到的行爲準則才能成爲道德原則，這是把一種「事實的普遍性」混同於一種「義理的普遍性」了。後者並不以前者爲根據。它們一個是說「事實如此」(to be)，一個是說「應當如此」(ought to be)。當然，原則應當考慮到「能夠」，甚至「義務就意味著能夠」，我們有關「底線倫理」的論述也都考慮到這種可能性。作爲社會倫理的道德原則確實應當是一個社會的大多數成員在正常情況下都能夠履行的原則。但是，在生活中實際上也總是會有例外的。有時這種差距甚至達到相當大的程度。比如，有的大學在調查問卷中發現：90％的同學都認爲作弊是不好的，是道德上應受譴責的；同時，卻還有近35％的同學承認自己曾經有過作弊行爲。這樣，就有至少25％的同學是既接受「不應作弊」的原則，同時又還是事實上作弊了。這種差距的發生有種種原因，但即便如此，承認和接受這一原則還是富有意義，這一原則提供了一個判斷的標準和提升的格準，我們正是可以因此作出對與不對的判斷而不至於陷入相對主義。原則是在那裏還是不在那裏，以及原則是被人們接受還是不被人們接受，兩者是不一樣的。甚至我們可以說，正是因爲原則還有例外，原則還沒有被人們全都接受，或者沒有被人們全都履行，原則才具有意義。原則是一種要求，是一種約束，如果所有人在所有時候都能像孔子晚年那樣「從心所欲不逾矩」，那麼，原則確實就沒有什麼必要了。

還有一種「例外」是行爲選擇中的例外，是義務衝突中的例外。它們往往造成了一種確實嚴重的道德困境。一種普遍主義的倫理學總是要遇到下面問題的挑戰：它所闡述的普遍規範是否容有例外？如果不容有任何例外，那麼怎樣面對可能由此引起的明顯與我們的良知和正義性直覺有忤或者我們難以接受的嚴重後果？如果容有例外，那麼怎樣解釋這種情況與普遍規範及原則的不一致？普遍規範及原則是否將因此失效？爲此，我們可能就還需要一些更具體的、作爲仲介的選擇準則。這裏有一個「經權」的問題，即我們還是需要「經」（原則），但也需要作出一些具體情況的「權衡」以致「權變」。這裏主要還是對原則的應用，是從原則到問題，而非像在應用倫理學的一些領域中一樣：試圖從問題中引出原則。

如以誠信原則爲例，我們如何應用這一原則、如何處理例外情況？或者反過來說，我們是否在任何情況下都不能說謊？還是在某些很特殊的情況下可以說謊？一個醫生面對一個假如知道他得了癌症就可能精神崩潰的病人，是否能告訴他病情的眞相？一個人面對一個在憤怒中要報復別人而尋找凶器的人，是否能如實告訴他凶器所放的地方？

我們在這裏不具體地回答這些問題，但試圖給出一些分析和判斷的標準。我們可以分別從做爲誠信的例外情況的「說謊」的三個方面來考察：一是說謊的動機；二是說謊所造成的後果；三是說謊的程度。當然，我們進入這一問題，就說明我們承認有時可以有例外，而不是像康德那樣堅持在任何情況下原則都不容有例外。

按上述的三個方面，衡量誠信的「例外」需要考慮到以下一些情況：

1.說謊的動機：這裏有善意的謊言、無善意亦無惡意的謊言（例如玩笑的謊言），也有惡意的謊言。
2.說謊所造成的實際後果：這裏的次序一是可以按對他人及社會造成的傷害大小排列；一是可以按傷害的具體對象是錢財、身體還是人格來衡量；一種看法是認爲越是傷害到後者，其傷害的後果就越嚴重。

3.說謊或者說誠實的程度：這裏實際上還是有種種差別，有完全的謊言和部分的謊言，有直接的謊言和間接的謊言——即只是有意提供一些片面的資訊而讓對方自己去作出錯誤的結論；有顚倒黑白的謊言和只是不說出眞相或不說出全部眞相的「謊言」，這後一種情況是否能被視作「說謊」是有爭論的，有些人認爲由於還是隱瞞了眞相，就至少還是不夠誠實，但即便如康德也曾經說他自己不可能在他的教學中說出全部的眞理，只是絕不以謊言來掩蓋眞相。最極端的「誠實」的要求者甚至認爲一個人在任何時候都應說出自己所知道的全部眞理，甚至主動到處去揭發虛假、揭開眞相。

對這些我們自然需要一種綜合的眼光，需要一種對動機、後果和程度的兼顧的考察衡量。很難給出一個固定的答案。但有一點是明確的，即仍需堅持「誠信是正當的，而說謊是不正當的」的原則。即使我們承認可以有「例外」，但並不是要因此而否定謊言的性質本身不是惡，並不是要說謊言本身不是壞事。或者說，我們並不是主張有些謊言是可以提倡的，而只是主張有些謊言是可以原諒的。它們一般只是被我們事後原諒，被我們允許，而絕不是事先被提倡。而且，我們顧及和承認這種例外，主要還是用作諒解他人，而不是用來縱容自己。假設是我們自己爲救一個人說謊了，我們所感覺到的是被一個更緊迫的基本義務淩駕了，我們會爲他人的生命得到挽救而感到欣慰，但不會爲說謊感到驕傲和得意。因爲，人確實不只負有一種義務，不是只有誠實才是我們的義務，保護生命也是我們的義務。而當這些義務發生衝突時，我們就要衡量哪一個義務更重，當一個對凶手而發的謊言能夠挽救一個無辜者的生命時，我們恐怕很難不對這凶手說謊。但這並不是說說謊是件好事我們才這樣做，而還是因爲在這種情況下，在誠信之上還有一種更高的義務。毋庸置疑，謊言本身的性質都是不正當的，但從動機、後果和程度來說，說謊者的惡意、惡劣後果及嚴重程度加重了這不正當，而說謊者的善意、有益後果與輕微程度卻減輕了這不正當，從而使某些謊言在某些特殊情況下被諒解或允許。

當然，以上所述仍只是一些一般性的聯接理論與實踐的考察衡量，我們尙沒有深入到某些特殊領域——例如政治領域的誠實問題、經濟領域中的信譽和信用問題、某些特殊職業，例如醫生對病人能夠在多大程度上誠實的問題等等；也還沒有就某些更具體的案例進行探討，在這些更具體的探討中有可能產生一些更具有針對性，也更爲特殊的選擇準則，這樣，我們的道德行爲選擇就能在某種程度上依靠一種由普遍原則、一般規範和具體準則構成的體系，雖然它們的適用範圍各有不同。當然，任何原則規範和準則都不會自動解決問題，對行爲的道德選擇最終還是要依賴於當事人對具體情況的具體分析，依賴其理性、明辨、智慧和良知。但是，人們的行爲選擇的情況總還是有某種共性，如果我們在事實方面承認人類的本性和處境也有某種共性，在價值方面承認所有人在人格上都是平等的，都應當受到平等對待，「類似情況類似處理」的原則就不會過時，就不應因「人我之別」而有不同，一種普遍主義的倫理原則就不僅是有必要的，而且還是有可能的。

5. 道德義務

眞正困難的不是逃避死亡，而是避免做不義之事；不義之事比死亡更難逃避。在今天的審判中，我這個遲鈍的老人不能逃避死亡和危險，但聰明而敏捷的原告卻不能逃避不義，不義比死亡更能毀滅人。

色諾芬《蘇格拉底的申辯》

蘇格拉底（Socrates, 470-399 B.C.）是最早的西方大哲，他一生沒留下什麼著述，卻透過他的談話展示了一種哲學思考的範例，而尤其是展示了一種眞正哲學家的精神——永遠在追究眞理而不獨斷地佔有眞理。他把哲學「從天上帶到人間」，開啓了西方人生哲學、道德哲學和政治哲學的深遠源流，而蘇格拉底最後的受審、入獄和赴死，則猶如壯麗的日落。

我們在本章中將從一個範例——蘇格拉底在受審、羈獄和臨死前對道德正當和義務的思考爲例，探討道德義務的性質，我們也要結合康德的觀點來考慮對義務的認識和情感，以及履行基本義務的困難和高尚的問題。

5.1 一個反省和履行義務的範例

蘇格拉底是古希臘雅典人，大約生於西元前四七〇年，死於西元前三九九年，差不多正好目睹了雅典由盛轉衰的過程。他的生活方式很有規律，有極強的忍耐困苦的能力，一年四季都是赤足行走，只披一件大氅。在他參加的戰鬥中，他都表現得非常勇敢和鎮定，並幾次救出自己的同伴。除了被徵召遠征，蘇格拉底不大旅行，而是喜歡和各種各樣的人說話，後來並發展出一套辯證和高超的談話技術，他喜歡談話的目的不是爲了改變對方的意見，而是要獲得眞理。他也不像其他有些智者那樣收錢販賣知識。據說富有的亞西比德有一次要給他一大塊地基來造房子，他說：「假如我需要鞋子而你提供給我一整張獸皮，那不是很可笑嗎？」面對琳琅滿目的許多商品，他對自己說：「沒有這麼多東西我照樣生活。」

蘇格拉底早年遠離政治，不參與政治黨爭。但在晚年開始被捲入政治。西元前四〇六年，雅典海軍在一次戰役中取勝，但據說因將軍們的問題和惡劣的天氣而未能及時打撈落海者以及戰死者的屍體，後來雅典人決定要追究責任，由一次投票來共同決定八名將軍的命運，蘇格拉底其時正擔任五百人大會的委員，甚至有一天還擔任主席，他堅決反對這樣的一次性的針對集體的投票，認爲這違反了正常的法定程序。當與他意見一致的人在被威脅要同樣被起訴的壓力下被迫放棄自己的抵抗的時候，唯獨蘇格拉底一人堅持投了反對票。

第二次則是西元前四〇三年他不服從「三十僭主」要求去逮捕支持民主的富有公民萊翁的決定，另外的四個受命的人去執行了命令，處死了萊翁，而蘇格拉底卻回家去了。這是一次類似於「公民不服從」（civil disobedience）的行爲，如果不是「三十僭主」的統治很快被推翻了，他很可能那時就要爲此付出生命的代價。從反對的對象看，第一次他是反對民主，第二次他卻是反對僭主。但他反對的看來不是對人而是對事，不是看誰在統治，而是看怎樣在統治。他反對的是那種不公正的統治和命令。

而到了西元前三九九年，蘇格拉底終於因受到指控而受審，這些指控是：(1)不敬神。確切地說，是指控他創造了新的神，不承認城邦的舊神；(2)用自己的談話和思想腐蝕青年。在法庭上，蘇格拉底明顯是持一種義務論的立場來爲自己申辯的，而絲毫不顧及個人的安危和利益。他說：「如果你以爲一個有價值的人會把時間花費在權衡生死的問題上，那你就錯了。一個有價值的人在進行抉擇時只考慮一件事，那就是他行動的是與非，他行爲的善與惡。」他說一個人只要找到了他在生活中的位置，他就會正視危險，不惜付出生命和一切。而他具體談到他的責任和使命則是：「我確信神指派我的職責是度過愛智的一生，檢查我自己和他人，如果我由於懼死或怕擔其他的風險而放棄神所委派的職責，這將極大地違背我的本性。」也就是說，他要過一種探求眞理、反省人生的哲學家的生活，如果他願意今後放棄這樣的生活方式，他是不會被處死的。但他寧死也不會放棄這樣的生活，他認爲自己是在做正確的事。

蘇格拉底被判死刑入獄以後，他的學生和朋友克里托來看他，勸告他逃離此地，說一切都可以安排好。蘇格拉底面臨的處境是：要麼服從法律、服從判決，但那結果就是赴死；要麼接受朋友的勸告和安排，逃到異邦，但這就意味著要規避判決、違背法律。但這種規避和違法並不是性質很嚴重的，因爲即使蘇格拉底的「罪名」屬實，也本不致死，而且，按蘇格拉底的說法，當時的民眾「他們可以漫不經心地置人於死地，也可以滿不在乎地給人以活路」。所以，如果他逃離確實並不會引起多少道德上的非議，甚至許多投票判決他死刑的人也不會太在意和追究。而且，蘇格拉底和他的朋友深信這種判決是不公正的。那麼，是否還有必要服從這種不公正的法律判決？此外，蘇格拉底還有孩子和家庭要撫養，還有朋友已經爲他做好了安排，準備了費用，如果他不讓他們救他，他們的名聲也會受到影響。克里托指出，大多數人不會相信在這種情況下蘇格拉底還是不肯逃生。

蘇格拉底強調，在這件事上作出判斷的基本態度是首先不要爲公眾輿論或大多數人的意見所左右，而是必須訴諸知識和理性。他說我們必須考慮的是：對我來說試圖不經官方開釋而逃離這裏是否正當。如果能證明這樣做是對的，我們就應做出嘗試；如果不能證明這樣做是對的，我們就應該放棄這一念頭。因爲眞正重要的不是活著，而是活得好。活得好則意味著活得高尚、正直。一個人不論在任何情況下都不應該做壞事，即便在被冤枉時也不應該做壞事，儘管大多數人認爲這是理所當然的舉動。一個人不應該以冤報冤、以罪報罪。至於費用、名聲和撫養孩子的考慮，則都在其次。

蘇格拉底接著提出了一些理由來說明自己不應當逃離，甚至功利的理由和明智審慎的觀點也不是完全不予考慮，例如逃到異邦以後的生活也不會很愉快，名聲也會受損等等。但主要的還是兩個層面的理由。一個是對公民義務的考慮，一個是對自然義務的考慮。

有關公民尊重和服從法律的義務以及絕不傷害自己的母邦的義務，他說：如果我一直有離開雅典的可能，而七十年來卻始終住在這裏，並享受雅典法律帶給我的好處，那麼我實際上就是和我的國家訂有一種契約了，就是默認了我們國家的法律，承認了國家和這裏的人們合我的意，尤其是娶妻生子，更說明我對城邦法律的滿意。而現在當人們按照法律判處我死刑時，我怎麼能當法律給我好處我就遵循它，判我死刑我就違反它呢？況且我在法庭上已承認審判的結果，這又是定約的證據，訂約後轉瞬背約，豈不是荒謬嗎？所以我不能夠逃走。我如果逃離，對城邦的法律就是一個傷害，使法律的普遍效力受到質疑等等，而這也就傷害到了以法律爲其支柱的城邦了。而一個人本應當像尊重和服從父母一樣尊重和服從他生於斯、長於斯的城邦——順便說說，古代希臘的城邦遠比現代國家對於個人的意義重大。當然，在這一範例中，蘇格拉底談到的他與國家的契約是以一種居住在這一國家的行動來默認這一契約，這種默認一般是應當以有遷徙的可能和便利爲前提的，蘇格拉底的這種「隱涵」的承認即負有如此義務的觀點，無疑是對公民義務的一種高要求。

在有關一個人的自然義務，即一個人不僅作爲政治社會的成員，而且是作爲一個人的義務方面，我們可以在公民應當遵守他與國家、法律所訂的契約這一原則後面發現一些更一般的道德原則規範：像任何人都必須忠實、必須信守自己的諾言；絕不應傷害他人，就算在自己受到傷害之後也是如此；一個人在任何情況下都應只做正當的事等。蘇格拉底所感到的自身所必須承擔的一種特殊職責和使命也產生了作用，從而他必須以死來證其生，必須以死來顯示其生命的意義，必須以一種最嚴格徹底的「公民的服從」來顯示一種最偉大的「精神不服從」。

5.2 對義務的敬重心

我們在蘇格拉底的例證中已經看到了對待義務的一個典範，我們現在要更深入地討論對義務的態度和情感，在此，我們想結合康德的觀點來展開論述。康德是義務論的著名代表。他認爲世上除了「善良意志」之外，沒有絕對的、無條件的、本身即好的東西。然而，在人那裏，這一「善良意志」實際就是「義務心」，因爲人並非上帝，並不可能從心所欲，任意揮灑都是「正當行爲」、「全善之舉」，人心中還有許許多多的欲望、喜好，這些欲望、喜好都可能對眞正的道德行爲構成障礙和限制，正因爲在人心裏有這些障礙和限制，「正當」也就要變成「應當」，對人構成命令，構成義務，而非生性所自然，心靈所本悅，這並非是說義務與人性就沒有相合處，而是說，只要有哪怕一絲不合，從原則的普遍性著眼，也就必須以絕對命令的形式表現，必須作爲義務向人們提出，說「你勿 ……」、「你應當……」，而非說「吾欲……」、「吾悅……」。人必須克服自己的種種主觀障礙和限制，擺脫喜好和欲望，而純然出自對義務的敬重而行動。這一對義務的敬重也就是「義務心」，只有純然出自義務心的正當行爲，才是不僅合法也合乎道德的行爲，只有這樣的行爲才具有道德的價值。

可見，「義務心」就是內心對義務的敬重和推崇，從一個行爲者的角度看，就是一事當前，不問自己的一切欲望、喜好和利益，而只自問：「這是否是我的義務？」只要我確信是我的義務，我就必須履行，否則就予擱置。在我的心裏，義務的份量最重，義務優先，義務第一，打個比方說，義務如軍令，而「軍令如山倒」，在義務面前，其他一切理由都要讓路。康德解釋說，這種對義務的「敬重」雖然是情感，但不是受外來影響的情感，而是由純理的概念自己養成的，所以與愛悅與恐懼等外界原因引起的情感不同。

那麼，這敬重意味著什麼呢？敬重的對象實際上是什麼呢？它是怎樣產生，又具有怎樣的意義呢？這敬重首先意味著貶抑我們的自負心。人的全部好惡都可以說是「利己心」，這種利己心又可分爲兩種：一是對自己的過度鍾愛，即自私；一是認爲自己有立法權力，而把自身看作是無需受制約的，即自負。在純粹的實踐理性看來，自私原是人的天性，甚至在道德法則之前就已發生於我們心中，所以它只把自私加以規範、加以限制，使之與道德法則相符合，然而對於自負，它卻要完全將之壓制下來。我們只有貶抑自身，才能喚起我們的敬重心來。但這並不意味著敬重心只是消極的、否定的，因爲貶抑的同時就是高揚，在貶抑感性和好惡的同時，就高揚了理性和法則。

所以，對義務的敬重也就是對道德法則（或者說道德原則、道德律）的敬重，當道德法則的表象在我們心中出現的同時，我們也就產生出一種對法則的敬重之情。對法則的理性認識和敬重之情是相伴而行的，一種潛在的敬重總是與法則的表象結合在一起的，如影隨形，所以說，敬重是一種純粹由理性產生的感情，而不是如恐懼與愛悅一樣是由外界原因產生的感情。道德法則直接喚起我們的敬重心，它本身就是我們的敬重心產生的原因，我們對道德法則的敬重是它在我們的心靈上產生的效果。雖然道德法則何以能直接喚起我們的敬重心並不爲我們所知，但我們清楚地知道，不是說因爲我們敬重法則，法則才普遍有效，而是因爲法則普遍有效，我們才敬重它。我們由此也可看出，客觀、普遍的道德法則是第一位的，而主觀的敬重之情是第二位的，雖然「敬重」是康德唯一一種在道德上推崇的感情。

敬重總是只施於人而永不施於物。敬重是對人的德性的尊敬而非對人的才能的驚羨。敬重遠非一種快樂的情感，但卻最少痛苦。這就像我們的先人所說的：盡自己的義務並非是爲了自己得到快樂，甚至不是爲了別人的快樂（有時從這義務得利的並非是我們喜歡的人），而只是爲了使自己「心安」。

對道德法則的敬重心乃是唯一的、無可懷疑的道德動機，客觀的道德法則正是透過敬重才成爲我們內心主觀的行爲準則、成爲直接的行爲動機。敬重是一種使普遍法則變爲個人行爲準則的一種「道德關切」。而「動機」、「準則」、「關切」這三個概念，都只能施用於有限的存在者上，因爲它們全都以一個存在者的狹窄天性爲其先決條件，這些概念不能夠用在神的意志上。亦即：談到義務，就離不開人，談到義務就意味著有限制要突破，有障礙要克服，而這些限制和障礙就來自人的感性存在。人不是神，人不能生來就自然而然、滿心愉悅地實行道德法則，這法則並非他的本性法則。人透過艱苦的努力、不懈的堅持，功夫純熟之後，也許會使敬重轉爲愛好，但對法則純粹和完全的愛悅仍然是人很難達到的一個目標，尤其是不能夠一開始就以爲自己能憑藉某種道德靈感突入「聖域」。

有經由對義務的敬重所達到的道德境界（往往要經過長期的磨礪），也有那種個人心靈突然進入的神秘主義感受，兩者都涉及到進入一個很崇高的精神境界，但後者從進入的路途到最後達到的狀態都不是很明確的，且看來只爲極少數「特選者」所專有，而前者是每一個人都可進入的，只要他在非常困難的情況下仍堅持履行自己的義務，他就會在自己的心裏發現這樣一種感受：不論我多麼卑微、多麼軟弱，但只要我能夠在任何情況下都遵守義務的命令，就使我上升到了接近於與法則同一的地位，使我感到了自己身上還有超越自身的東西，這東西就是我的高級天性，就是使我得以擺脫由我的感性存在帶來的自然機械作用而獨立的理性。

我確實是敬重、甚至是敬畏法則，就像我對我頭頂蒼穹的無限星空表示敬畏，那不是作爲感性存在的我所能控制的，甚至那神秘也不是我的知識理性所能洞穿的，我感到敬畏，然而，這敬畏是我的敬畏，我能夠敬畏，而一個沒有理性的動物是沒有這種敬畏的，這種敬畏甚至本身就指示出我的另一種生命，指示出我還有另一種敬畏，即對心中道德法則的敬畏，這兩種敬畏有相通之處，然而，如果說第一種敬畏主要是貶抑人的自負，第二種敬畏卻還提高人的自信：我能夠循道德和信仰超越我的感性存在的限制而向著無限飛升。

對義務的敬重心揭示了人的兩重性：人既是一個感性的存在，又是一個理性的存在，他同時屬於感性與理性兩個世界：一方面受著自然的因果律支配，不由自主；另一方面又能夠自身開創一個系列，自我立法。所以，敬重義務也就是敬重法則，而這法則由於實際上也是人自己制定的，所以，敬重法則又等於敬重自身，敬重自身是人的高級天性，相信人能憑藉這一高級天性超越自身的有限性。

有一個眞實的故事也許可以被我們用來說明康德心目中的道德楷模和進路，也頗能說明對義務的敬重是怎麼一回事。這故事說的是有一個人，辦了一個小銀行，吸收了一些小額存款，然而，由於某些他本人無法料到的情況，在一次席捲範圍很廣的金融危機中，這些錢全都損失了，銀行不得不宣告破產。於是，他帶領他的家人，決心在他的餘年透過艱苦的工作和節衣縮食，把這些存款全都退還給儲戶。一年年過去了，一筆筆退款帶著利息陸續被寄回原先的儲戶，這件事感動了儲戶們：因爲他們知道，銀行的破產完全是一個意外，而並非這個人的不負責任或有意侵呑，他們雖然因此都遭受了損失，但這損失攤在許多人身上畢竟不是很大，比較容易承受，而攤在一個人身上卻是非常沈重的。何況，這個人的努力償還的行爲已經證明了他的內疚和善意。他們便聯合請求這個人不要再償還欠他們的存款了。然而，這個人卻認爲還清欠款是他的義務，他只有履行了自己的義務才會感到心安，他照舊堅持不懈地做下去，爲此放棄了許多生活中的歡樂，沒有閒暇，沒有另外創立事業的可能，這件事就成了他一生的使命，他精神專注、心無旁騖、鍥而不捨、高度虔誠地只是做好這件事，終於，他寄回了最後一筆存款，這時，他已經精疲力竭了，接近了生命的終點，他在這一生沒有實現自己年輕時就懷有的遠大抱負，沒有創立什麼輝煌的事業，因爲他的後半生完全被拖進了這件事，他似乎只是被動地、不斷地在一個個命令的召喚之下活動：「還錢！」「還錢！」「還錢！」然而，與他所做的這些平凡的事情相對照，是否還有比這在道德上更輝煌的業績呢？與他這些看來似乎被動的行爲相對照，是否又有什麼行爲比這呈現出更崇高的道德主體性呢？

「還清別人存在你這裏的錢款」，這確實不是什麼很高的要求，而是做人的一個基本義務。平常做到這些事情也並不難，但有時候卻很難很難——例如處在上面發生的那種情況之下。這時，能否履行這一義務，就有賴於對義務的一種敬重心了。在通常的時候，明智、利益、愛好可能都會支持自己去履行義務，比如說對自身信用的要求而還清欠款，但當我們遇到上述情況、遇到履行義務將把我們投入非常窘迫的境地，甚至像蘇格拉底那樣帶來死亡時，諸如明智、愛好一類動機就會悄然撤退，我們就必須獨自依靠我們對義務的純然敬重之心來堅持履行自己的義務。

所以，康德強調義務心的純粹性，強調它與愛好、喜悅無關，而只是對義務的敬重，認爲我們只能從對法則的敬重心中汲取動力，義務並非賞心樂事，義務在這方面帶給人的主要是心靈的平靜和安寧。歡悅至多是履行義務中的副產品，而且這副產品也並不總是出現，而如果在履行義務中始終期待著快樂，甚至以它爲目的，那就會把人引向危險的方向，離眞正的道德越來越遠。

當然，我們不應否認在正常情況下，一個主體伴隨有快樂的義務行爲可能也有道德價值，但這一行爲之所以有道德價值，還是因爲在這主體那裏存有對義務的敬重心，而不是因爲他感到快樂。這裏的關鍵是，只有強調對義務的純然敬重心，強調要以它作爲道德行爲的動力，才能夠使義務圓滿、原則一貫，命令也確實是絕對命令。義務絕非是我們喜歡就履行，不喜歡就可以不履行的事情，雖然我們大多數人在大多數情況下都可能願意履行我們的義務，甚至樂意履行我們的義務，但我們確實都可能碰到我們也許不願意履行這義務、履行它們甚至將給我們帶來痛苦的少數特殊情況，如果說這時候就可以不履行義務（這時不履行確實常常能得到人們的諒解），那麼，義務的普遍性、原則的一貫性、命令的絕對性又從何談起？在這樣一些特殊情況下，道德主體所能依賴的也就是對義務的純然敬重之心了，而使他在正常情況下的義務行爲具有道德價值的也是這種敬重之心，只是在這特殊情況下這一敬重心更單純、更明顯、讓我們看得更清楚罷了。也正是在這樣一些特殊的時候，一種平凡的履行義務的行爲會突然間放射出奇異的光彩，使目睹這一行爲的人們的心靈也深深地爲之感動，而這一行爲的主體也由此進入了一個崇高的道德境界，就像我們在上述「償還欠債」的例子中所見到的一樣。

5.3 基本義務的履行

一種普遍主義的底線倫理學，也就是一種試圖闡述現代社會所有成員都應遵守的基本義務之內容、範圍和根據的倫理學。而我們不僅可以對道德義務規範的性質和要求的高度與強度作一種「底線」的理解，對這類道德規範的範圍似也可作一「底線」的理解，即它不能包括太多的內容，而應當主要由那較少的、但對人類和社會卻是最重要、最爲生死攸關的規範構成。這樣，它所理解的道德義務，就主要表現爲一些基本的禁令。

在我們看來，孔子「己所不欲，勿施於人」的忠恕之道，是對底線倫理的基本義務的一個較抽象的原則性概括：「你不想別人對你做的事情，你也不要對別人做」，或者用一個正面的說法：「你想要別人怎樣待你，你也要怎樣待別人」，即所謂「金規」，這一正面說法也可用中國傳統的語彙說即「人其人！」，也就是「以合乎人性或人道的方式對待人」。這意味著要平等地尊重和對待所有人、所有生命。它的要義是不允許任意強制，不允許違背他人意願對他們做某些事情，不允許那些自己或某一部分人可以例外的對他人的強制。我們可以把上述從不同方面表述的行爲原則視作是基本的道德義務原則。

相應地，也就可以從這一「己所不欲，勿施於人」的原則中邏輯地產生出一些最重要的推論：你不想被殺、被偷、被搶、被騙、被傷害和淩辱，那麼，你也不能如此對別人做這些事。由此就可以概括出四條主要的禁令、或者說四條最重要的義務規範：不准殺人、不准盜竊、不准姦淫和不准說謊——最後一條特指那些造成對他人和社會利益重要傷害的說謊，如作僞證、經濟詐騙等。

當然，它們是最基本的規範，千百年來早就存在於人們的生活之中，也明文載於可說是所有國家的法律，所以既是道德規範，也是法律規範，但是仍有反覆申明和論證的必要，因爲違反它們的危險不僅來自個人，也來自集體，如種族之間的衝突；也不僅出自物欲和利益的動機會引起對他人的傷害，被某些觀念、理論、意識形態或宗教教義所誤導的人們，也同樣有可能、甚至更有可能造成大規模的人間災難，這一點，我們很容易在二十世紀的歷史中得到驗證。至於進一步或者說更全面的道德義務的列舉和分析，或者說從其他角度對義務的分類，有很多論述可供參考，比方說，我們可以參照康德、羅斯等對義務的分類。

前述康德捍衛義務心的純粹性和崇高性是爲了保證一種不混雜的道德，一種不隨人喜好的道德。不過，我們也始終不可忽視，康德所說的義務還有一種基本的、起碼的性質。只有這樣，道德法則的普遍性、嚴格性和一貫性才能置於一個堅實的基礎之上，過高的道德要求是難於普遍化的。康德在《道德形而上學基礎》中指出了四種基本義務，其中，保存自己的生命和信守對別人的諾言是完全的義務，而發展自己與幫助他人則是不完全的義務。在後來的《道德形而上學》中，康德對義務的分類更爲細緻了，但劃分的基本方向還是遵循對己和對人、完全和不完全的原則。在這些義務中，並沒有聖潔的要求，而只是一些很基本的規範，例如：要求人對自身不要自我戕害、自我玷污、自我陶醉，不要說謊和阿諛，要充實、提高和發展自己；對他人要守約、感恩、援助，不要驕傲自大、造謠中傷、冷嘲熱諷等。但是，我們從「義債」的例子可以看到，一個人可以透過堅持履行這些基本義務而進入一個多麼崇高的境界——一個我們懷疑是否有比這更崇高的道德境界。

當代義務論的著名代表羅斯（Ross）所列的六種「顯見義務」（prima facie duties）也具有這種基本的性質，這六種義務是：

(1)誠實、守諾與償還。

(2)感恩的回報。

(3)公正。

(4)行善助人。

(5)發展自己。

(6)不傷害他人。

其中最後一種「不傷害他人」最優先、最具有強制力。評論者認爲：這在許多方面類似於一個摩西十誡的摹本。而我們同時還注意到，在這些義務中，有很大一部分將因其對他人影響的嚴重程度而同樣也要納入法律的範疇，若違反就要受到強制或懲罰。

我們要敬重的主要也就是這些義務，它們確實是值得我們每一個人無保留、無條件地予以尊重的。我們所論的雖然是一種一般的敬重心，但一些基本的義務在歷史的發展中實際上已經具有了共同承認、不證自明的內容。我們的祖先常常說到「無所逃於天地之間」的「應分」、「天職」，就點明了這種基本義務的份量。我們還可以從另一個角度把這些基本義務分爲兩類：

第一類是自然義務，這是由我們作爲一個自然人的性質而產生的，例如，我們生爲一個人，幼年有賴於父母的供養，成長過程中得到其他許多人的關懷照料，我們一生無形中受賜於我們的同類的好處，更多有我們所不自覺的方面。正如康德所說：「我們只要稍一反省，那我們就總會看到自己對於人類有一種虧欠。」再沒有什麼比一個總是憤憤不平、覺得別人全都虧待了他的人更讓人感到可笑和絕望的了。

所以，人生而爲人，就有一種人的天職，他就要在自己能力的範圍內，也爲這個世界、爲其他的人做些什麼。他所食所用、所喜歡、所看重的一切都不是從天上掉下來的，必有人爲之付出了勞動，即使這些均爲自然界所賜，他對這自然界也負有一種義務。所以，王通會親自耕作，並說：「一夫不耕，或受其饑，且庶人之職也。無職者，罪無所逃天地之間。吾得逃乎？」甘地再繁忙也會每日紡完一定份量的紗才安心入眠。第二次世界大戰中的馬歇爾將軍，曾對一個與他一起高度緊張地工作了一整天的部下說：「今天你掙到你的飯了。」這不是讚賞，卻勝似讚賞。有什麼能比「我履行了我的職責」更讓人感到欣慰和驕傲的呢？

當然，那要是眞正的義務，是性質上屬於自律的義務。我們可能久已忽略了我們的義務，人們在一種責權不明的體制中常常會習慣於只是伸手，只是要求利益均霑而忘記了自己的義務，他們甚至很少再體會到眞正緊張的工作之後的輕鬆及成就感，其實這才是做人的眞味。今天社會分工日益細密，我們自然不可能、也沒有必要事事躬行，但我們必須清楚，做人就有做人的一份義務，我們要敬重這份義務才不失爲人。一個人年輕時常有種種建功立業，澤惠一鄉、一市、一省乃至全民族、全人類的宏圖大志，如果他也知道從最基本的義務做起就更好了。這義務就是視他人和自己一樣，都作爲人來尊重、來對待，不傷害無辜者，不侵犯他人的正當權益，努力做出相應於自己所得的貢獻等等。

第二類是社會義務，也就是較專門的、較狹義的由一種社會制度所規定的義務。我們也可以把這類義務稱之爲狹義的「責任」（obligations），因爲它常和制度所給予個人的職務、地位有關。這樣，在一個立憲的國家裏，所有的公民就要承擔公民的義務，而其中擔任各種職務的官員，除一般的公民義務之外，還要承擔相應於他們的權力地位的各種特殊政治職責。

第一類自然的義務不受基本制度的影響，是我們在任何社會裏都應該履行的。而第二類狹義的社會義務則對制度有要求。比方說，原則上社會義務都是要求個人應安於其分，履行其職責，但這「分」是不是安排得公正合理，就在很大程度上決定了個人的職責是否合理、是否能夠順利履行。所以，在這方面，對社會制度是否正義的考慮將優先於個人的政治義務。

換言之，我們每個人都應該在社會體系中各安其分、各敬其業，但是，我們更有必要透過社會制度創造出一個能夠使每個人各得其所、各盡所能的基本條件，即創造出一個公正的社會環境，也就是說，大家都要守本分，以盡職盡責的精神做好自己的事情，而政府也要守本分，確定自己恰當的權力範圍，保障各階層、各個人的正當權利和利益不受到侵犯。所以，康德在《道德形而上學》中把社會公正與個人義務並提，把權利論與德性論視爲不可分割的兩部分，並且優先討論權利論等等，這些都是發人深省的。但是，無論如何，制度的不公正即使有時有可能勾消一個人的政治職責，卻仍然不能夠勾消一個人的自然義務。

對這些基本義務的履行看來是非常平凡的事情。我們並沒有增添什麼，它們都是做一個人的本分，做一個社會成員的應分，所提出的要求只是「本分」，只是「盡職」。這是和人的有限存在較適應的，「比較合於人類的弱點和其近德向善的過程」。究竟是對高尚豪俠的行爲的嚮往，還是對莊嚴的道德義務的敬重更能鼓舞人呢？康德認爲後者有著更大的推動力。問題還在這種義務不可缺少，如果違反了這個義務，就破壞了道德法則本身，把法則的神聖性給踐踏了。而如果我們不惜犧牲自己衷心愛好的事物而力求盡自己的天職，就把自己提升到了如此的高度——就好像使自己完全超出了感性世界而獲得了自由，完全超出了凡俗而接近於神聖，我們如果努力去體會這一點，我們就可以從我們心中獲得一種最深厚同時也最純粹的道德動力。

所以，我們完全可以在僅僅履行我們的基本義務中進入一個崇高的境界，造就一個崇高的人格。這種崇高性就在我們對日常平凡義務的堅持不懈的履行中表露，就在我們不惜犧牲一切愛好而仍履行義務的邊緣處境中展現。這種崇高性和平凡性與人類作爲理性存在和感性存在的兩重性有關。

我們都是有缺陷、有弱點的人，我們面對普遍的法則感到自身的卑微，感到衷心的敬畏，這法則確實是毫不容情，絕不妥協的，我們必須勉強自己、鞭策自己，使自己受它的約束。我們是在服從命令，但我們又確切地知道，我們實際是在服從我們自己發出的命令，服從從我們自身最好的那一部分發出的命令，服從我們的人性中神聖的那一部分發出的命令，但這一部分和我們身上較低的另一部分又絕不是分離的。我們將由我們自身訂立的法則引導，超越有限的感性存在，而配享眞正的福祉。這就是康德所說的：「人類誠然是夠污濁的，不過他必須把寓托在他的人格中的人道看作是神聖的。在全部宇宙中，人所希冀和所能控制的一切東西都能夠單純用作手段；只有人類，以及一切有理性的被造物，才是一個自在目的。那就是說，他藉著他的自由的自律，就是神聖的道德法則的主體。」

康德在強調超越的同時也強調人的有限性，所謂「義務」，所謂「命令」，所謂「法則」，所謂「敬重」，所謂「關切」等等，都是以一個存在者的有限性爲先決條件的。「義務」就意味著約束，「命令」就意味著被約束的對象有可能不服從，

「法則」就意味著要對義務作一種具有普遍效力的概括，「敬重」就意味著法則也有外在的、異己的，或者說「不容己」的一面。法則確實是「自律」的，但又是「律己」的，它有毫不含糊的「律」的意思：即約束、規範、限制，而這一切都是因爲「人的有限性」。雖然準確地說應該是「人是一個能夠追求無限的有限存在物」，但我們這裏要特別指出這後一個方面，即「人的有限性」。正是因爲注重「人的有限性」，所以，在康德那裏，道德人格的理想並非是能與天地契合無間的聖人，而是能在任何情況下都恪守自己義務的普通人，達到這一理想也主要不是透過自我修養或道德小團體的切磋，而是透過作爲社會一員的人們始終一貫地敬重自己的義務，履行自己的職責。而且，作爲社會的一員，一個人即便思慕和追求一種道德的崇高和聖潔，也須從基本的義務走向崇高，從履行自己的應分走向聖潔。

總之，社會應安排得儘量使人們能各得其所，這就是正義；個人則應該首先各盡其分，這就是義務。而且，當在某些特殊情形使履行這種基本義務變得很困難，不履行別人也大致能諒解的時候，仍然堅持履行這種義務本身就體現了一種崇高，我們甚至可以說這是現代社會最值得崇敬、最應當提倡的一種崇高。這種道德義務與其說告訴我們要去做什麼，不如說更多的是告訴我們不去做什麼，它也並不意味著我們做什麼事都想著義務、規則、約束，而是意味著不論我們做什麼事，總是有個界限不能越過，我們吃飯穿衣、工作生活的許多日常行爲並不碰到這一界限，但有些時候就會碰到——當我們的行爲會對他人產生一種嚴重影響和妨礙的時候，這時就得考慮有些界限不應越過了。換言之，我們做一件事的方式達到一個目的的手段總不能全無限制，而得有所限制，我們總得有所不爲而不能爲所欲爲。這就是我們想透過「道德義務」所要說的主要的話。

6. 道德情感

惻隱之心，人皆有之；羞惡之心，人皆有之；恭敬之心，人皆有之；是非之心，人皆有之。惻隱之心，仁也；羞惡之心，義也；恭敬之心，禮也；是非之心，智也。仁、義、禮、智，非由外鑠我也，我固有之也，弗思耳矣！

孟子

孟子（372- 289 B.C.）戰國時期儒家思想家，其時天下紛紛然，他主張「仁政」、「制民之產」、「保民而王」、「言義而不言利」。但其政治主張不見用，退而著書立說，尤其在「盡心」、「知性」、「致良知」方面發展了儒家的「內聖」學說，而其「養浩然之氣」、「說大人則藐之」的氣概和風貌也給後人留下了深刻印象。

我們在本章闡述道德情感的性質、特徵和意義。我們首先想察看西方學者亞當・斯密和盧梭對同情與憐憫的闡述。然後要透過當代生活中的一個實例來說明道德情感缺失的危險，最後我們想結合中國古代儒家所說的「惻隱之心」，來說明這種基本的同情心作爲道德源頭和動力的蘊含和意義，以及及早培養道德情感的重要性。

6.1 同情與憐憫

亞當・斯密是有關同情心的一個主要闡述者。他一生主要著有兩部書：一部是《道德情操論》，另一部是《國民財富的性質和原因的研究》（下簡稱《國富論》）。後人一般都認爲《國富論》更爲重要，他因此被視作是現代經濟學的開創人。而他自己則更重視《道德情操論》。這兩本書前一本是強調人的同情心，而後一本書是強調人的自愛心，兩者似有矛盾，但是這兩本書的分立實際上正好表現了人的兩面性，即一方面人是更關心自己的、自愛自利的；另一方面人也有一種同情別人，從而對自己的行爲進行反省和自我節制的能力，這種同情和自制是透過設身處地、對自己心靈中的「一個理想的旁觀者」發生共鳴，從這個第三者的觀點進行觀察來實現的。

雖然斯密認爲人的自愛本性是更爲根本的，但他不同意孟德維爾把自愛說成是自私自利，說成是惡，然後說正是惡造成了善（公益）的觀點，斯密寧可把自愛看成是道德上中性的。他也不是主張人們可以在經濟活動中爲所欲爲，或者說，無論人們怎樣追求自律都會促進公益，斯密實際上是提出了某些限制和約束條件的，這些限制條件可以分爲兩個方面，一方面是制度的約束，另一方面是對個人的約束，即前述的鼓勵人們的同情心和要求自制。

《道德情操論》敘述的主要是涉及個人的道德心理學或情感心態學，但它仍然是圍繞著行爲的適當與合宜性，圍繞著正義與德性展開的。它並非全面地論述人的精神世界或心靈最高境界，但還是比較廣泛地描述了人的心理和感情狀態。在這本書中，斯密主要是從個人情感的角度來觀察人而不十分注意其理性。他所說的「同情心」不僅包括同情他人的痛苦和不幸，也包括分享別人的快樂和愉悅。亦即，這裏所說的「同情心」是一種人與人之間的全面的同情和共鳴，即不僅包括負面的感情：如共同感受悲哀、憂傷、失望等，也包括正面的感情：如共同感受歡樂、美好、希望等等。這種人與人之間全面乃至相當親密的感情，亞里士多德也曾在《尼各馬可倫理學》中作爲「友愛」的題目專門論述過，但是，這種「友愛」還是比較個人化、人格化的，而亞當·斯密所論述的「同情心」卻是比較普遍的、社會的、作爲人性成分的一種感情。

斯密認爲：憐憫或同情是人的本性的一個要素，這種同情就是當我們看到或逼眞地想像到他人的不幸遭遇時所產生的感情。它與人性中所有其他的原始感情一樣，絕不只是品行高尚的人才具備，即便是最大的惡棍，極其嚴重地違犯社會法律的人，也不會全然喪失同情心。

我們是透過一種設身處地的想像力來感知別人的境況和感情的。透過想像，我們設身處地地想到自己忍受著所有同樣的痛苦，我們似乎進入了他的軀體，在一定程度上與他像是一個人，因而形成關於他的感覺的某些想法。而且，這裏可能更重要的還是對別人的處境能夠感同身受，所以對並不知曉自己不幸的人如傻子、精神病人我們也會感到同情。

正是透過這種同情共感，引出了人們的美德。兩種不同的努力確立了兩種不同的美德：一種是旁觀者努力體諒當事人的情感，在這一種努力的基礎上，確立了溫柔、有禮、和藹可親的美德，以及公正、謙讓和寬容仁慈的美德；而在當事人努力把自己的情緒降低到旁觀者所能贊同的程度的基礎上，確立了崇高、莊重、令人尊敬的美德，即自我克制、自我控制和控制各種激情的美德。

但是，在斯密看來，雖然「同情」這個詞，就其最恰當和最初的意義來說，是指我們同情別人的痛苦而不是別人的快樂，但用來表示我們對任何一種激情的同感也未嘗不可。一般人會覺得：人們對悲傷表示同情的傾向必定非常強烈，而對快樂表示同情的傾向會極其微弱。但斯密斷言：在不存在妒忌的情況下，我們對快樂表示同情的傾向比我們對悲傷表示同情的傾向更為強烈；與在想像中產生的對痛苦情緒的同情相比，我們對令人愉快的情緒的同情更接近於當事人自然感到的愉快。這可能是由於人趨樂避苦的天性。

盧梭不同意這一點，他更強調同情中對負面情感的感受，或者說憐憫。我們這裏不涉及宗教的憐憫，而只是談道德的憐憫，對於這個話題，盧梭是一個合適的人選。他認為：我們之所以愛我們的同類，與其說是由於我們感到了他們的快樂，不如說是由於我們感到了他們的痛苦；因為在痛苦中，我們才能更好地看出我們天性的一致，看出他們對我們的愛的保證。如果我們的共同的需要能透過利益把我們聯繫在一起，則我們的共同的苦難可透過感情把我們聯繫在一起。人之所以合群，是由於他的身體柔弱；我們之所以心愛人類，是由於我們有共同的苦難。當孩子還不能想像別人的感覺時，他只能知道他自己的痛苦；但是，當感官一發育，燃起了他的想像的火焰的時候，他就會設身處地爲他的同類想一想了，他就會爲他們的煩惱感到不安，爲他們的痛苦感到憂傷。正是在這個時候，那苦難的人類的淒慘情景將使他的心中開始產生他從來沒有體驗過的同情。

在盧梭看來，「憐憫」這個按照自然秩序第一個觸動人心的相對的情感，就是這樣產生的。爲了使孩子變成一個有感情和有惻隱之心的人，就必須使他知道，有一些跟他相同的人也遭受到他曾經遭受過的痛苦，也感受到他曾經感受過的悲哀，而且，還須使他知道其他的人還有另外的痛苦和悲哀。要啓動憐憫之心，感覺他人的痛苦和悲哀，就有必要把自己與那個受痛苦的人看作一體，替他設身處地地著想。

盧梭把上面闡述的種種看法歸納成三個明確的原理：

原理一：人在心中設身處地想到的，不是那些比我們更幸福的人，而只是那些比我們更可同情的人。

原理二：在他人的痛苦中，我們所同情的只是我們認爲我們也難免要遭遇的那些痛苦。

原理三：我們對他人痛苦的同情程度，不決定於痛苦的數量，而決定於我們爲那個遭受痛苦的人所設想的感覺。

但和亞當·斯密一樣，盧梭也同時很強調人心中的另一種情感：自愛。他甚至認爲自愛比同情更爲根本，他說：我們的種種欲念的發源，所有一切欲念的本源，唯一與人一起產生而且終生不離的根本欲念，是自愛。它是原始的、內在的、先於其他一切欲念的欲念。小孩子的第一個情感就是愛他自己，而從這第一個情感產生出來的第二個情感，才是愛那些與他親近的人。

盧梭並且肯定自愛的價值，說自愛始終是好的，是符合自然的秩序的。由於每一個人對保存自己負有特殊的責任，因此，我們第一個最重要的責任就是而且應當是不斷地關心我們的生命。但是他也區別自愛與自私，說自愛與自私不同。自愛心所涉及的只是我們自己，所以當我們眞正的需要得到滿足的時候，我們就會感到滿意的；然而自私心則使我們總是與他人進行比較，所以從來沒有而且永遠也不會有滿意的時候，它也使我們顧自己而不顧別人的時候，還硬要別人先關心我們然後才關心他們自身，而這是辦不到的。換言之，我們也許可以說，自愛者主要關心的是自己是否過得好，是主要透過自己的努力來達到這一目的；而自私者則還總要和別人去比，是要別人爲自己服務。

總之，一個有道德的人並不是要禁絕對自己的合理關懷或自愛，而是要防止這種自愛逾越自己的限度，變成一種對他人的痛苦和不幸無動於衷的情感，而尤其要防止它成爲別人痛苦和不幸的原因。

6.2 道德情感缺失之一例

下面是一位同學在爲倫理學課期末考試提交的論文中所引的一篇〈凶手自述〉(原刊於《法制日報》)，它從反面告訴了我們，一個人如果全然喪失了基本的道德情感，其行爲會變得怎樣冷酷和殘忍。讀這樣的敘述讓人痛苦，但它至少是一個相當眞實的情感的自述，同時也使我們看到了及早培養道德情感的重要性和迫切性：

那是春節前的星期五（二〇〇〇年一月二十八日），也是我剛過十八歲生日的第三天。早上天剛矇矓亮的時候，我的頭又是一陣的劇痛。我知道，是這些天總閃現在我腦子中的小文家寫字檯中間抽屜上的那把鎖。每當它出現時，我的頭就是莫名其妙地痛。在經過一陣劇烈的頭痛之後，我徹底醒了。往外一看，天上竟然飄起了雪花，心中一陣竊喜，便一反常態地早早就起了床。我今天要去做一件籌劃、醞釀很長時間的「大事」，不能像平常一樣睡懶覺。很快我就收拾俐落，向一臉詫異的父母簡單地打個招呼，就出了家門。臨出門時，我摸了摸懷裏揣著的早已準備好的那把螺絲刀。這紛紛揚揚的雪花正好能助我一臂之力，真是一個不多見的「好」天氣。

小文是我的初中同學，是我在初中時比較要好的幾個同學之一。我在初中就經常到他家去玩。上高中後，雖然我們分別上了不同的學校，但是我們仍然經常在一起玩，特別是在寒假期間，我們的交往更密切。他奶奶平時不出家門，有時甚至連地也不下。我每次去時，都看見她坐在床上。但她對我和我的同學很好，每次都熱情招待我們。時間長了，我去他家就像在自己家一樣，沒有拘束感。我發現他家寫字檯三個抽屜中只有一抽屜是緊鎖著的。當我裝作無意間問起小文時，他只知道裏面都是大人的貴重物品，也不清楚那裏面裝的究竟都有些什麼。至此，我開始對他家的這個抽屜產生了濃厚的興趣。什麼時候能揭開這個抽屜之謎，一直是縈繞在我心中的最大的「心事」。踩著雪花走出家門後，一看時間還早，我又仔細地想了一遍上午要做的「大事」，在覺得萬無一失之後，我開始實施了行動前的第一步：打電話召集同學聚會。

雪下個不停，好不容易等到上午八點，我在離小文家不遠的一公用電話亭首先打通了小文家的電話，告訴他今天上午同學要在大義（我的另一個同學）家聚餐的消息，他當然想去，於是我告訴他一定要在上午九點鐘以前趕到，一是我要從事這件「大事」時小文不能在家；二是因為我們幾名同學在初中時相處得比較融洽，這又是在寒假中比較難得的聚會，他沒有理由不去的。接著我又相繼給其他的同學打了電話，正像我預想的那樣，我的提議得到了他們一致回應。雪還在下，放下電話後，我正準備前往小文家，突然間，小文家寫字檯中間抽屜上的那把鎖再一次閃現在我的腦海中。隨後，我的頭又是一陣劇痛。

這時，雪有些小了。我看了看時間，已經上午八點半了，我急忙向小文家趕去。越接近小文家，我的頭痛得愈來愈厲害。我這時擔心小文還在家裏，那樣我這些日子的努力就會前功盡棄。為了穩妥些，我再次往小文家打了個電話，核實小文是否還在家。果然，是小文的奶奶接的電話，說小文已經去同學家了，現在不在家，家中除了奶奶再無他人。我掛斷電話，急忙向小文家跑去，準備開始實施行動的「第二步」。

雪花飄在我的頭上，我站在小文家的門前，先是穩了穩神，接著又摸了摸身上揣著的那把螺絲刀，在小文家的門前使勁地跺了跺腳，正準備敲門時，那該死的頭痛又開始發作了。那把鎖十分固執地在我的腦海裏反覆出現，頭痛讓我一時間竟產生了要退出不幹的想法。然而，只一會兒，這種感覺就消失了。我怔了怔神，極力抑制內心的恐懼和緊張，抬起右手，按響了小文家的門鈴。

「誰呀！」

「奶奶，是我，小文的同學。」我接著大聲地說了兩遍後，小文的奶奶這才把門打開。接著，她說，孩子，你怎麼沒去同學家呀？小文十分鐘前就走了，他同學還來好幾次電話催他呢！」「我是來叫小文一起去的。」我隨便答應了一聲後，逕自走進了有寫字檯的房間裏，我一眼就看見了那把鎖，接著我竟然感到懷中的那把螺絲刀也在此時動了一下。奶奶在我身後進了屋，然後又像往常一樣坐上了床。她隨手拿起了床上的一把水果刀，很快就削好了一個蘋果，邊遞給我邊對我說：「孩子，你先吃個蘋果，然後，奶奶再給你倒杯水喝。」說完，她一邊給我倒好了水，一邊把臉轉到了窗外，看起了窗外的雪景。我一面搭訕著小文的奶奶，一面將目光緊緊地盯在了那把鎖上。猛然間，我的頭痛又一次地發作，我雙手按著頭，忍了一會兒，在痛感稍微減輕的時候，心想，時候到了。而就在這時，奶奶一聲一聲地咳嗽，讓我想起了奶奶的存在。不行，不能讓奶奶說話，要是奶奶在我揭開謎底後還能說話，我一定逃脫不了法律的制裁。怎麼辦？

此時，我的頭痛已經達到了極點；此時，我的腦海裏一片空白，什麼也沒想；此時，我臉上的表情一定可怕得連我也不敢看；此時，我的眼睛裏只有寫字檯中間抽屜時的那把鎖；此時，我的一切注意力全都放在了如何撬開那緊鎖在我心中的「抽屜」……直到我已用那把給我削過蘋果的水果刀刺破老奶奶的脖子，看見血從傷口中歡快地流出，那血在屋外白雪的映照下，顯得格外的刺眼。我的一切症狀一下子消失了，包括我的思維。

我看見奶奶躺在地上已不再動了，她或許永遠再也不能說話了。但她在我撲向她一瞬間時，向我投來複雜的眼神，又成了我的另一個難解的「結」。我真不知道今生今世能不能忘記這個眼神。我費了不少勁，終於撬開了那個抽屜，發現裏面除了能拿走的四千六百元的現金之外，別的再沒有什麼可以拿的。我很是失望地拿著這些錢離開了被你們稱為案發現場的小文的家。

我快速離開小文家時，沒發現有任何人在注意我，我的心總算放到了肚裏。接著又擔心那邊的同學等得太久會生疑，我出門就搭了一輛計程車，急忙回家換了身乾淨的衣服和鞋後，又到了我經常打撞球的我家附近的一家撞球場，還清了我欠的打撞球輸掉的不到兩百元錢，隨後又拿出了一些錢，在商店裏買了些小食品，這才去同學家赴會。在整個同學聚會的證據鎖鏈之中，我唯獨缺的就是這四十分鐘。

我在初中的時候就逐漸沈迷於電子遊戲和打撞球，最近我又迷上了打撞球賭博。我的運氣始終不好，玩電遊和打撞球總是輸。雖然我父母每月都給了我足夠的零用錢，特別是我母親，還特意給我辦了個卡，每月除了定期往裏面存上固定數額的錢外，有時額外給我零用錢。所以，雖然我不缺錢，但我對我自己在這方面的技藝狀態很不滿意。為什麼輸的總是我！

當我趕到同學家中的時候，一片責問聲此起彼伏、鋪天蓋地地指向我。我指了指手中的小食品，向他們解釋我遲到的原因是為他們採購午餐時，總算應付了過去。於是，我一面裝作什麼事情都沒有發生的樣子，一面跟他們打撲克，一面注意地看小文的表情，我暗自慶幸沒露出什麼破綻，要是一旦讓人知道了這事，那後果真是不敢想。

後來我與他們一起被帶到分局時，我想，這下是真的完了，要徹底露餡了。我沒有想到，在刑警面前，我編的四十分鐘有關去向的瞎話，竟能輕易過關。他們竟然把我給放了。他們為何不搜我的身？那四千多元現金就在我身上。當我得知我可以離開分局的時候，我曾暗自得意。我以為他們再也不會懷疑我了，於是，我沒有回家，一頭就鑽進了一家電子遊樂場接著玩。但是，到了晚上，當他們再次在電子遊樂場內找到我時，我知道，這回是徹底完了，誰也救不了我了。在往分局走的路上，我以繫鞋帶為藉口，趁他們沒注意，掏出衣兜內的四千塊錢，將它塞在了垃圾箱下。

這是一個觸目驚心的案例，是一個無知而又殘忍的孩子殺死了一個自己熟悉的慈祥老人。這也是最不幸的一種悲劇：老人遞過去的是蘋果，得到的卻是刀鋒。一把水果刀，本是用來削水果的，兇手卻把它刺進了一個剛剛用它爲自己削過蘋果的老人的喉嚨，而且看起來是爲了多麼簡單和不重要的一點緣由——僅僅因爲一點個人的好奇心（想打開鎖看那抽屜）和一點不順（輸了不多的錢），就這樣去剝奪了一個人的生命。這只能說明兇手的感情已至冰點，他感同身受別人痛苦的能力已經凍結。

這不是成熟的犯罪，不是精心策劃的犯罪，不是要搶劫多麼貴重的財產的犯罪，但唯其如此，也就更讓人震驚，如果能夠這樣輕易地剝奪一個人的生命，那還有什麼事情不能做出來呢？所以，最令人震驚的也許還不是這個少年兇手的罪行本身，而是在犯下這一罪行的過程中他表現得如此麻木不仁，無動於衷，沒有了起碼的同情心。

如果我們僅僅看到這個案件，我們也許會感到可怕甚至絕望，因爲這樣一個少年對老人的犯罪是多麼幼稚無知而又兇狠殘忍。但是，讀到引用這一例證來進行分析的同學的論文，我們又會重新感到信心和希望，這位同學也是剛過十八歲不久，和這篇「自述」的作者大致是同齡人，她這樣寫道（老師略有整理和改動）：

> 老人的生命和少年的良知同時毀滅，我想，每一位讀者都會與我一樣地不安。如果良知的淪喪連老人與孩子都不能倖免，那麼，還有什麼比這更為可怕呢？
>
> 案中十八歲的殺人犯並不是良知完全泯滅，那頭疼也許就是某種徵兆。但是，他在一個老人的生命面前還是表現得極其冷漠與不屑一顧，也就在他用刀刺向老人的一刻，他甚至喪失了自己做人的資格。
>
> 良知凝縮了人類透過長期進化所獲得的人性潛能和個人在生活中積累的感性和理性諸因素。它一方面體現著理性，另一方面又體現著人身上作為道德之人性土壤的社會性情感。如果出現違背自己道德信念的動機、行為或者自己的行為給他人、社會帶來損害，良知會表現為面向自我

的憤怒或內心愧疚，這種情感使一個人在內心開始與不良欲望的誘惑進行鬥爭，這鬥爭雖然可能是痛苦的，對個人精神發展卻是建設性的。

然而，現代社會中實現富足生活的希冀極大地刺激了人的欲求。專業化對人性的分割；過度的物質主義對人的豐富性的遮蔽；大眾傳媒和遊戲以大量資訊包圍人而致使一些人精神麻木（例如這個兇手就是在玩電子遊戲中變得麻木）；對科學和技術的掌握使人的生活在局部和細節上獲得更大方便，顯得更為合理的同時，人的環境和自身境況在總體上卻日益非理性化，以致像保持良知這一亙延數千年、而且只要人不甘墮落就必須一直亙延下去的人性法則也在遭到冷落。

而這僅僅靠法律、靠社會的賞罰機制是不夠的。社會如果單純透過賞罰機制來實現道德調控具有極大的局限性甚至是負效應。其一是因為社會賞罰起作用主要訴諸於人的懷賞畏罰心理，訴諸於人的功利心、榮辱心或成就需要。其二，社會對行為主體的監督鞭長莫及時，賞罰便不再奏效。而從上述案例中也可清楚地看出這一點，凶手並非沒有顧及到法律制裁，而逃脫法律制裁的僥倖心理反而成為他殺害奶奶的直接動機。所以，倫理文化的社會運行不可過分倚重社會賞罰的力量，而是也要注重道德情感的培養。

一定的道德認識要轉化為個人道德意識中的穩定成分，從而為形成良知奠定基礎，必須經過道德情感這種非邏輯力量的感染和催化。情感最鮮明和生動有力地表現著人的主觀世界，是人在生活中發揮主體積極性的心理驅動器。在道德生活中，外在的命令如果不轉化為個人的主觀態度，即成為履行它的情感需要，個人即使遵從道德規範，也只是處在守法的水平，只有情感才能把人引向道德上的自律而成為有道德和高尚的人。情感若離開道德認識的指導就會變成盲目的，往往可能爆發出帶有破壞性的熱情，難以形成作為人的高級情感之一的道德感。人的情感只有經過一定的教養，才能減少受本能控制的成分，而與個體和類的進化要求協調起來。案例中凶手最強烈的情感即為好奇感，它抵制和干擾了正確道德認識的形成，使他潛在的良知不能發揮應有的道德調控作用。因此，在個人道德意識範圍內，情感只有滲透進理智的因素，接受道德認識的熏染，才能轉化為構成個人良知基礎之一的道德情感。

最後還留下一個謎：那老人臨死的眼神？她最後感到了什麼？她是迷惑、震驚、絕望還是寬恕？是不是她還想說什麼？她或許還有一種希望——那不僅是對那少年，也是對所有人的希望。無論如何，我們不要讓這樣的眼神失望。我們有必要及早培養自己健全而充沛的各種人性的情感，尤其是培養一種關注他人痛苦的道德情感。

反觀我們每一個人自身的道德成長，道德情感都先於道德理性的發展。一種首先是對親近我們的人的關切之情，顯然先於道德義務和原則觀念的形成。除了「惻隱之心」，廣義的道德情感還包括如孟子所說的「羞惡之心」、「恭敬之心」、「是非之心」等。我們在上一章也談到了對義務的敬重心。但是，作爲「仁之端」，惻隱之心還是比較純粹的、原始的道德感情。我們對我們的孩子的道德培養也是遵循這一次序，在幼童理性甚至語言能力都尚未成熟的早年，我們在道德上最期望於他們的，除了誠實，也就是一種基本的同情心。而且，我們還尤其有必要同情那些弱者、老人、病人、殘疾人，畸零人、邊緣人、失敗者，當我們品嘗了人生的五味，我們就會知道，他們的這種處境常常並不是由於他們自己的原因造成的，而我們的成功卻常常只是由於我們先天或後天的幸運，而即便成功都是出自我們的努力，我們也需要同情和幫助他們，因為他們是我們的同類、是我們的同胞，我們所有人都生活在同一個世界上，我們必須和衷共濟。

6.3 惻隱之心

中國古代儒家對道德情感的培養有很多深刻的論述。孔子「仁」的學說就是立足於一種對人類和同胞的深厚同情心的基礎之上。而孟子更對道德情感，尤其是「惻隱之心」做了充分細致的闡述。「惻隱之心」的一個最鮮明的例證是他舉出的「孺子將入於井」的例證。孟子認為，此時任何一個路遇此事的人都會對將要掉入井裏的無知孩子突然產生一種驚懼心疼之情：這首先並不是他想要納交於孩子的父母，不是想從他們那裏得到酬報，得到好處；其次，他也不是要邀譽於鄉黨朋友，獲得一種「熱心救人」的好名聲；最後，他也不是因為孩子如果掉入井裏，其哭叫聲將使他產生一種生理上的反感。總之，他不是為了自己的感覺，為了名利心而產生「怵惕惻隱之心」的，這一惻隱之心是純然善的，是絕對和無條件地具有道德價值的，這一意願的絕對善性甚至不以隨後的行爲爲轉移——即哪怕這個人後來還是沒有去救，也不影響他突然看到這一情景時的最初一念的善性；更不以行爲的效果爲轉移——即哪怕最後去救的人沒有救起孩子，甚至自己也死了，他的意圖和行爲都是道德上高尚的。

據此我們可以概括出「惻隱之心」的兩個基本特徵：這兩個基本特徵一個涉及到心靈的內容，這就是痛苦，即一個人設身處地所感覺到的他人的痛苦，這一痛苦的內容是人生的內容；另一個涉及到心靈指向，這就是他人，一個人在體驗到惻隱之情時心靈是指向他人的，是表現出一種對他人的關切，這一指向是純粹道德的指向。用一句簡單通俗的話也許可以說，「惻隱」就是他人的痛苦也到了我這裏，而我的心也到了他人那裏，這就是心靈相通，就是具有負面的人生內容，而同時卻是正面的道德指向的同情。

這意味著，儒家學者不會同意像盧梭所說的那樣——認爲我們的同情心是源自自愛，憐憫是由自愛所生發的觀點。按儒家的觀點；惻隱之心與自愛之心截然不同，惻隱不可能源於自愛。兩者之間並沒有因果關係，源流關係。雖然惻隱之心確實是要透過我自己的感受和設身處地，經由自己的痛苦而知道他人的痛苦，是由己及人、推己及人，這樣，對自己及自己感受的關懷、興趣也是惻隱之心所不可少的，但用自愛卻還是無法解釋一個人爲什麼一定要從自己推及到他人，爲什麼也要關懷他人的痛苦，用自愛更無法解釋那種自我犧牲的意願和行爲。實際上，我們在人那裏可以看到的是兩條源流：一條是自我生命的欲念之流；一條是道德和善意之流。兩條源流對於人生都是必須的：無前者不能實現人類個體的生存，無後者不能實現人類群體的生存。兩條源流也會有分有合，但是說後者是從前者流出來的卻不合事實。

我們下面再看看道德情感的地位和意義：不僅在倫理學中的地位和意義？也包括在我們的道德生活中的地位和意義。我們可以概括地說「惻隱是道德的源頭」，那麼，這裏的「道德」是什麼含義？這一「源頭」又作何解釋呢？

我們可以借鑒波普爾（Karl. R. Popper）的「三個世界」劃分的觀點，說完整意義上的「道德」（倫理）包括：(1)主觀的、在每個人心裏內在地發生的，只能爲他自己通過反省覺察的道德心理現象；(2)客觀的、可爲他人從外部觀察到的，個體或群體的道德行爲現象；(3)作爲一種精神的客觀凝結物的，以誡律、警句、格言、理論或學說等形式表現出來的道德知識現象。而「源頭」的意思也可以有三種含義：(1)根據（內在的理由）；(2)動力；(3)現象（即僅僅是時間上的最先出現）。

那麼，惻隱是整個道德的源頭嗎？這裏我們需要做一些具體的分析。在上述三種道德現象中，道德心理意識無疑是主觀的、最個人化的，我們完全可以說，惻隱是這一道德意識（或「良心」）的作爲源頭的一個組成部分；至於道德行爲活動，也可以說最終都可分解爲個人的行爲活動，因此，它們的動力也有惻隱的一份，而這一份動力一般是處在最開始的地位的；最後，道德原則和規範等理論知識最初也可以說都離不開個人的概括和創制，而個人最初之所以開始這一創制，也離不開他心中那一點作爲最源始的惻隱和不忍之心。

總之，我們說「惻隱是道德的源頭」是離不開一種個人的道德觀點的。在某種意義上，惻隱可以說是整個道德的源頭，但是如我們上面所見，它將在個人道德觀點的制約下按三種道德現象的次序逐步受到限制：道德心理現象無疑要以惻隱之心作爲其原始的最重要組成部分；在道德行爲現象的源頭我們都可以發現惻隱之心的強大推動力；而道德原則、規範之知識現象相對來說最傾向於超越個人的人格性，所以惻隱之心在其中比較隱而不顯。或者說，惻隱只是道德意識（良心）的直接源頭，它要作爲道德行爲或道德知識的源頭，卻顯然要經過其他意識成分而尤其是理性的仲介。

那麼，「惻隱是道德的源頭」，這一「源頭」的意思究竟又是指什麼呢？是指惻隱是道德的根據、動力，還是僅僅指現象呢？我們仍借用上面對道德現象的三種劃分來說明，從族類或個人來說，惻隱都可以說是道德心理意識的「最初的湧現」，它是道德心理意識現象的一部分，又推動著道德心理意識的深化和擴展，因此，作爲「良心」的源頭，它有作爲動力和現象的雙重意義；而對於道德行爲活動來說，惻隱只是一種最初的動力，並且這種最初的動力並不一定是道德行爲最主要的動力。而對於已經社會化了的道德原則、規範等知識來說，我們說過，惻隱必須經過個人仲介才能產生作用，應該說它對形成這些原則規範的動力雖然是最原始的，但也可能是最微弱的。而且它顯然不是這些原則規範的內在理由和根據。我們不能說，出自同情心的行爲就都是正當的行爲。

因此，我們說「惻隱是道德的源頭」，主要是指惻隱是個人道德意識（良知）的源頭，在此它有動力和現象的雙重意義，而當我們說到道德行爲活動和理論知識時，惻隱只具有一種最初動力的意義。而無論「道德」意指什麼，惻隱看來都不具有最終理由根據的意義。

「源頭」這一比喻確實很好地表現了惻隱之心在道德體系中

的地位，首先，這表明它不是處在道德之外的東西，而是屬於道德內部的，源頭是從道德內部說的，惻隱之情就是道德最初的涓涓細流；是仁之始、仁之端；其次，這也表明它是最初的流淌、最初的動力，這一動力並不一定是人們的道德活動中最巨大、最主要的動力，它雖然不是洶湧澎湃，但卻是源源不斷——在賢者那裏是常不泯，在常人那裏是不常泯，而在惡人那裏亦不會完全泯滅。它的主要意義不在中流的浩大，而在源頭的清純，憑它自身，它甚至可能走不了很遠，然而，它又可以說是泥沙封堵不死的泉眼，敗葉遮蔽不住的淨源。

從整個人類歷史來說，雖然不乏以各種虛假的「理由」、「原則」、「主義」扼制，甚至消滅惻隱之心的企圖，但這些企圖最終都歸於失敗。在一個基本的底線上，我們甚至可以談論起惻隱之情的絕對無誤。因爲，所謂的「理由」、「原則」、「主義」可能釀成大錯，忘記生命的根本，而惻隱之心在這一對生命的基本態度（是保存還是毀滅它，對它的痛苦是漠視、殘忍還是惻隱、同情）上卻不可能出錯，在此，這種情感的邏輯勝過一切理性的推演、動人的蠱惑、巧妙的欺瞞和瘋狂的激情。也正是在此，這種柔弱的感情會變得強大、形成一道最堅固的屛障，使人類不至長久地陷入狂熱、暴行和恐怖之中。惻隱之情的一個突出的特點就是：它面對的痛苦愈是巨大，就愈能在自身中激發出巨大的力量。

所以，我們確實可以看到憐憫之情作爲人類最原始和最純正的一種道德感情，對於使人們履行最起碼和最基本的道德義務，使社會不致長久墮入野蠻的巨大意義。在有些時候，可能法律已經廢棄，權威不復存在，甚至理性也已顚倒或迷惑，此時正是靠一種尚未泯滅的惻隱之情救人於溺，拯世於狂。因此，我們需要聆聽它的聲音：也許我們並不總是向它請教，然而，當社會生活被逼入險境的時候，我們就會聽到這一柔弱的聲音突然變得強大有力，因爲它更貼近生命，貼近我們道德的起點，這起點也是我們的道德乃至全部文明的最後一道防線。如果連這一防線也守不住，如果人類連起碼的同類之間的惻隱之心也喪失殆盡，那很難設想人類會成爲什麼樣子。

當然，另一方面，作爲源頭，惻隱還有必要發展、擴充。作爲一種最初發動的道德情感，它最主要的發展當然是要和理性結合，它不能滿足於自身，不能停留於自身。尤其在現代社會，我們確實可以看到使單純個人主觀的惻隱之情轉向普遍客觀的道德理性、使人治轉向法治的重要性和必要性。但是，在使社會政治理性化、法治化過程中，我們也絕不可忘記根本，忘記制度應有的發端，我們也許還得一次又一次地把社會政治方面的規範、把法律的規範重新帶到出發點加以審視，看它們是否偏離了這一出發點，偏離了多少，並予以適當的糾正。

我們說，今天的社會倫理主要是一種以理性規則、道德義務爲中心的倫理，但是，我們也還要看到同情、憐憫和惻隱之心在啓動、轉換和創新道德體系中的作用。人生不僅僅是規則和義務，人生還需要感受和體會一些更多的東西，我們這裏想再用一個故事來說明這層意思：有的國家對拾到而無人認領的自行車會定期拍賣。在有一次這樣的拍賣會上，出現了這樣一幅情景：每推出一輛車，都會有一個孩子率先叫出「五元！」，當然這個價格很快就被後面人們提出的價格超過，而人們也漸漸明白，這個孩子手裏只有五元，而他是多麼想得到一輛自行車。於是，當最後一輛簇新的自行車推了出來，這個孩子又一次叫出「五元！」時，拍賣場上突然變得鴉雀無聲，拍賣人重複三次後，一錘定音，那孩子終於得到了一輛自行車。當那孩子眼裏噙著熱淚走向自行車時，會場突然爆發出熱烈的掌聲。這是為孩子高興，也是為在場所有人的共同默契而鼓掌。

讓那個孩子得到這輛車對所有在場的人並不是一種義務，它只是一個心願，一個來自人們的深厚同情的心願，一種善意的心照不宣，甚至其中還有一種很高的幽默和理解力，最後是一種由衷的、所有在場者的快樂。沒有誰失去什麼，每個人卻都得到了一些東西。所以，這大概可以說是一種「共贏」，尤其是精神和道德上的「共贏」。而如果沒有一種聯繫所有人、所有生命的最起碼的惻隱之情「墊底」，沒有一種要求某種善意、智力和美感的心領神會，是不會出現這種結果的，甚至出來一個人打破這種共同的默契都不行。

所以，不僅現代社會的底線倫理、乃至我們的整個生活都需要這種道德感情「墊底」。底線倫理是必要的，但又是不夠的。這不僅指除了道德規範，還有人生的許多方面：親情、審美、信仰、終極關切，而且即便就在道德的範圍內，僅僅講底線倫理，講規範、義務也還是不夠的。規範和義務並不是道德的全部，道德並不僅僅是規範的普遍履行。我們還需要人與人之間的一種深厚同情，如果沒有這一感情的潤澤，甚至規範的道德也仍不免由於缺乏源頭的活水而硬化或者乾枯。一種對他人、同類的惻隱之心和對生命、自然的關切之情，將會提醒我們什麼是道德的至深涵義和不竭源泉，提醒我們道德與生命的深刻聯繫，以及任何一種社會的道德形態——包括現代社會中「底線倫理」這一道德形態——向新的形態轉換的可能性。道德不會是老一個模樣，它也會與時俱進，但只要人類還保有「惻隱之心」，我們就可以對它的變化基本放心。

7. 德性、幸福與善

子曰：「學而時習之，不亦悅乎？有朋自遠方來，不亦樂乎？人不知而不慍，不亦君子乎？」

孔子

孔子（551-479 B.C.），儒家學派的創始人，也是一位在中國歷史的「軸心時代」——春秋戰國時期奠定了後世兩千多年社會政治格局和道德秩序的偉大思想家，但其當世的政治活動卻是失敗的。這當然不影響孔子依然批閱古籍，弦歌不輟，本章標題下所引《論語》最開始的一段話，即反映了這樣一種平和、平實的「有志於學」者的快樂和幸福。

相應於現代社會人們的生活領域日益明顯地被區分爲公共領域和私人領域，現代倫理也可以分爲社會倫理和個人倫理兩大部分：其中社會倫理主要是探討社會制度的倫理和制度中人的倫理，即探討制度的正義和個人作爲公民的一般義務和各種職責；而個人倫理則主要是探討個人關係如家庭、朋友或個人追求如信仰、生活品味方面的道德問題。

這就使現代倫理的理論形態主要呈現爲是一種以道德規範和義務爲中心的社會倫理，本書的主旨也是在此。但即便如此，即便我們主要是討論社會倫理規範，從實踐上看，道德規範也必須落實於人。道德只有落實於每一個人、落實於人們的內心，成爲他們人格的一種穩定氣質才眞正有持久和巨大的力量。而且，應該說，道德也是爲了人的——不僅保障人類社會的正常運轉和發展，更致力於使人類個體成爲有德性的人，成爲幸福的人，即努力達到人類個體的善和整體的善。只是現代社會的道德可以、也應當考慮並不以這種作爲目的和結果的善爲自己的理據。

7.1 什麼是德性

當我們討論義務、規範及其根據的時候，是不考慮個人的差異的，因爲，這些義務和規範對所有人都應當是平等的，如此它們也才能成爲一種普遍的義務和規範。但是，在實踐中，不同的個人認識和履行這些義務規範無疑是存在很大差異的，而如果這種履行變成一種比較穩定和持久的行爲習慣，我們也就會看到他們在德性上的差異：於是，我們不僅會說「張三這件事做得對」、「張三的這一行爲是一正直的行爲」或者「李四這件事做得不對」、「李四的這一行爲是不正直的行爲」，我們還會說「張三是一個正直的人」、「李四是一個不正直的人」。這時，我們不僅是在判斷一件事，而且也是在判斷一個人。

換言之，德性可以定義爲一種比較穩定和持久的履行道德原則和規範的個人秉性和氣質。在這個意義上，我們甚至可以說德性實際上就是某種行爲類型的系列或總和。「德性」是不能空言的，必須透過行動來體現出來。我們判斷他人的品質，也主要是根據他們的一系列行爲。

透過「德性」的詞義也可以幫助我們理解其內涵。所謂「德性」，也可以說就是使道德原則、義務、高尚納入到了我們的個性、本性之中，成爲了一種眞正穩定地屬於我自己的東西。這時，外在的規範變成了內心的原則，甚至成爲一種不假思索、但卻自然而然符合規範的行爲習慣和生活方式，就像孔子所說的「從心所欲不逾矩」，這時他已經感覺不到了外在的約束，而一切言行舉止卻自然地中規中矩，這種道德境界當然需要長期的磨練。

我們需要經過尊重義務和規範的行爲來培養和磨練我們的德性，但一旦我們具有了某種德性，行爲也就能持之以恒。從理論的角度看，規則應當是更重要和優先的，而從實踐的角度看，則德性應當是更重要的和優先的。《新約·馬太福音》中說過類似的道理：「凡好樹都結好果子，唯獨壞樹結壞果子。」一般來說，好的行爲最可期盼的還是好的心靈。從每件事來說，我們要把每件事做對，或儘量不做錯事，而作爲一個人來說，我們還要努力成爲一個正直的人、一個有德的人，使好的行爲自然而然地從我們的人格、我們的心靈中生發出來。

也就是說，我們不僅要在德性與行爲的緊密聯繫中來思考德性，還要在德性與人格的聯繫中來思考德性。德性可以作爲一個總名、一個單數使用，但也可以作爲一個複數使用，可以分解爲各種德性。在一個人那裏會具有各種不同的德性，而「人格」則是比較完整的一個稱謂。人格是對一個人的穩定品格的總體的、全面的描述。我們一生的追求都可以歸結到我們究竟想成爲一個什麼樣的人，在傳統社會及其倫理學中，也常常把一個人想成爲什麼樣的人，或社會想造就什麼樣的人作爲自己的主旨。例如儒學，尤其是心性一派的儒學就常常被稱爲「爲己之學」、「成人之學」，其主要的追求就是要成爲具有高度道德和文化教養的「君子」。

德性與人格總是體現在個人那裏的，作爲一種表現形態，總是緊密聯繫於主體的。但是我們又可以把存在於各個人那裏的道德個性與品格抽象出來，客觀地來討論它們的共性與類型。這樣，就可以說有各種德性，例如正直、勇敢、節制等等。

以上我們所討論的「德性」基本上都是在現代的意義上進行的：即強調「德性」（virtue）概念的道德性質和個人性質。但如果我們回顧歷史，就會發現，「德性」或「德」的概念在古代具有更寬廣的意義，不僅指稱道德，而且指稱非道德；不僅用於個人，也用於制度。而且，德性還一度居於倫理學的中心，成爲傳統倫理學的一種主要形態，下面我們就透過這一形態的主要代表亞里士多德來進一步闡述德性的概念及其現代轉變。

亞里士多德認爲，德性要根據人本已有的功能或人的靈魂的活動來區分。人的活動和靈魂有一個非理性部分和一個理性部分，而非理性的部分是爲一切生物所共有的，具有發育的性質，諸如生命的生長功能、營養功能，還有感覺和欲望的功能，這是爲人與牛、馬及一切動物所共有的。然而人還有自己獨具的活動與功能，這就是理性部分的活動。德性也就要按照對靈魂的區分加以規定。這樣，其中一大類是理智的德性，另一大類是倫理的德性，像智慧、理解以及明智都是理智德性，而大度與節制則是倫理的德性。

兩種德性的要求簡單說來就是：人應當過一種有「思」的生活，應當過一種有「德」的生活。理智德性大多數是由教導而生成、培養起來的，所以需要經驗和時間。倫理德性則是由風俗習慣薰陶出來的。我們的德性既非出於本性而生成，也非反乎本性而生成；自然給了我們接受德性的潛能，而這種能力的成熟則需透過實踐和習慣而得以完成。

正如其他技術一樣，我們必須先進行有關德性的現實活動，才能獲得德性。我們做公正的事情，才能成爲公正的人；進行節制，才能成爲節制的人；有勇敢的表現，才能成爲勇敢的人。總之，品質是來自相應的現實活動，是由現實活動的性質來決定的。所以，從小就養成這樣還是那樣的習慣絕不是件小事情，恰恰相反，它非常重要，比一切都重要。一個人如果經常去做一件事情，他也就變成那個樣子。所以，做一個善良之人還是醜惡之人，也就是由我們自己。我們可以透過行爲來塑造以至改變我們的品性。

德性在荷馬時代還泛指一切優越的品質和特性，但在亞里士多德這裏已經有了比較固定的含義。理智的、沈思的德性要高於倫理的、實踐的德性，這種更高的德性包括對生命意義的沈思，也包括對實踐德性的反省。但它不一定能爲所有人擁有，只有一些人會追求這種哲學家的生活方式。

「倫理的德性」與我們今天所理解的德性基本相合，現在的問題是，我們如何確認這種德性呢？使所有屬於這種德性的品質共同的東西是什麼呢？亞里士多德提出了「中道」（或者說「適度」、「中間」）的概念來區分好的德性與其他不好的品性，「中道」是好的品性，而「過度」和「不及」兩個極端則是不好的品性。

具體來說，倫理的德性因爲關係到情感和行爲，存在著過度、不及和中間。例如，一個人恐懼、勇敢、欲望、憤怒或憐憫，這些情感及由此產生的行爲可能過分，也可能不及，兩者都是不好的。然而若是在應該的時間，據應該的情況，對應該的人，爲應該的目的，以應該的方式來感受這些情感和相應地做出行動的反應，那就是中道，是最好的，屬於德性。所以，德性也就是中道。過失是多種多樣的，而正確只有一個。

舉例言之，我們可以列出一個這樣的德性表：

不及	中道	過度
禁慾	節制	縱慾
膽小	勇敢	魯莽
愚鈍	明智	狡猾
損己	公正	損人
自卑	自重	自傲
過敏	羞恥	無恥
吝嗇	大方	浪費
痲木	溫和	憤怒
自貶	信實	自誇

柔弱	堅強	蠻橫
	……………………	

你也可以再列舉下去，當然，並非所有的行爲和情感都有個中道存在。正如亞里士多德所言，去在每一類事物中發現中道，這是一種需要技巧和熟練的事業，還有的品質也找不出中道。至於「公正」，還可以說是所有德性的總名。另外，我們仔細觀察上述德性表，還會發現這樣一些特點：

首先，我們發現，如果說「過度」一邊的品性較容易損害到他人的話，「不及」一邊的品性則更容易傷害到自己，這樣，中道可能更和「過度」對立。或者我們也可以這樣說，如果不能準確地把握中道的話，則我們寧可接近「不及」而不要接近「過度」。即如亞里士多德所言：在極端之中，有的危害大一些，有的危害小一些，所以，準確地把握中道是困難的，如果不得已求其次的話，就要兩惡之間取其小。

其次，正如亞里士多德也同意的，中道一方面相對於過度與不及兩個極端是中道、是中間，但另一方面，它作爲好的品性，同時相對於這兩個不好的品性來說，則它本身又構成一個好的一端了，而這兩個不好的品性則構成另一端：不好的一端。即兩個極端之間相互反對，它們又共同與中道相反對。我們可以考慮用圖來表示這一道理，這樣，這種中道就不能是一條直線上的中道，而是猶如一個等腰三角形上的中道：

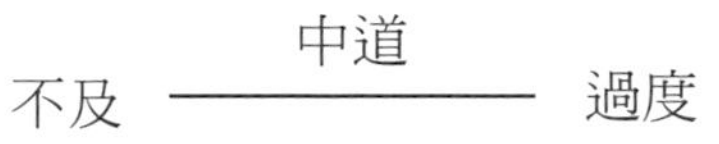

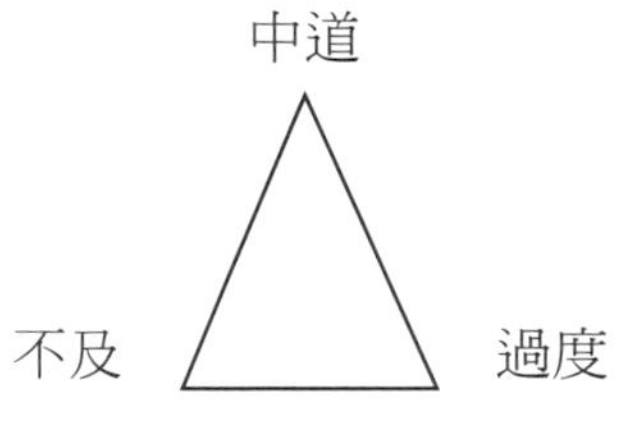

這樣，德性作爲一種等腰三角形上端的「中道」，它即處在不及與過度中間，同時又作爲上端和兩個下端對立，即作爲「德」與「惡」對立。

7.2 德性的演變

在傳統社會中，無論在中國還是西方，倫理學確實都是以德性和人格爲中心的，對德性的劃分是豐富多彩的，生活在這一社會中的人也就比較注重自己德性的培養，欣賞和讚美那些德性遠遠高出於眾人的傑出者。古希臘人的精神就是要努力地追求一種卓越的德性，並在各種德性之間保持一種和諧與平衡。中國古代社會的文化也極其推崇優雅的人格和高尚的品格。

但是，到了近代，倫理學卻轉向以原則和規範爲中心，個人以履行基本義務爲要，至於成爲什麼樣的人卻交付給個人的選擇。這一轉變是怎樣發生的呢？我們可以看一下當代倫理學家、共同體主義（communitarianism）的一個主要代表麥金太爾的觀點，他主要從德性的角度來討論古代與現代道德理論的分野，大致以德性的演變爲中心線索區分出這樣三個階段：

首先，從古希臘羅馬到中世紀，這個時期是「複數的德性」（virtues）時期，也就是說，在此德性是複數的，是多種多樣的。像古希臘人所強調的四主德：節制、勇敢、智慧、公正，以及友誼等。又如神學的德性：謙卑、希望、熱愛等，它們都服務於某個在它們自身之外的目標，由這一目標來定性並受其支配，這些目標就像剛才上面所說的，或者是某一社會角色。

例如在荷馬史詩中所見的英雄時代的德性就是如此，凡是有助於履行這一角色的能力和性質就都被視爲德性，包括像體力好、善射箭等都可稱之爲德性。這些目標或者又是總的人生目的、好的生活，比方說在亞里士多德那裏就是這樣，各種德性是達到自我實現、人生完善的手段；這些目的還可以是神學意義上的、超自然的完善，比方說在《新約》中就可見這種目標，相應地就提出了謙卑、希望等神學德性。

然而，到近代的時候，一種有關德性的新觀念出現了，也就是說進入了「單數的德性」的時期。所謂「單數的德性」是指德性成爲單純的道德方面的德性。與道德的「好」、「道德價值」乃至「道德正當」成爲同義語，雖然還是可以區分各種各樣的具體德性，但它們實際上都是一種東西——即一種「道德的好」、「一種道德正當」。而且，現在「德性」不再依賴於某種別的目的，不再是爲了某種別的「好」而被實踐了，而是爲了自身的緣故。由於有了一個單一的、單純的德性標準，「德性」在此意義上就是單數的了。這樣，道德實際上就向非目的論的、非實質性的方向發展了，不再有任何共享的實質性道德觀念了，尤其不再有共享的「好」的觀念，於是原則規範就變得重要，德性就意味著只是服從規範，休謨及康德、密爾乃至羅爾斯都是如此，羅爾斯透過道德原則來定義德性，即德性等於一個服從原則的人的品質；規範在現代道德中獲得了一種中心地位，德性不再像亞里士多德體系中那樣具有一種明顯不同甚至是對立於規範、法律的意義。於是各種理性主義、直覺主義相繼出現，企圖確定道德信念的基礎，確定一批道德原則和規範，道德被看作是僅僅服從規範。

於是，德性概念於道德哲學家與社會倫理就都漸漸變成是邊緣的了，不再受到重視，而理性的證明也暴露出理性本身的弱點，逐漸走向相對主義，走向技術性的分析哲學，這就導致了當代的來臨——一個「在德性之後」的時代、一個不再有統一的德性觀、價值觀的時代。尼采敏銳地覺察出這個時代的特徵，覺察出當代道德的散漫無序和混亂狀態，並提出了他自己的權力意志說和超人理想，走向某種非道德主義乃至道德虛無主義、德性虛無主義的觀點。

麥金太爾對從傳統社會到現代社會的這一德性演化史的闡述是富有啓發性的。驗之於中國的歷史，也許我們還可以補充說，在最早的時候，「德性」或「德」的意思還曾籠統地指人的「各種屬性、特性」，所以還有「吉德」、「凶德」之分，例如說「孝、敬、忠、信為吉德，盜、賊、藏、奸為凶德」；到後來，「德」就是指人的「所有好的屬性」，「不好的屬性」被排除在外；而再後，則主要指人的「所有道德上好的屬性」了，「非道德的屬性」被排除在外。或者再參考道家更為長遠的觀察角度，這種演變先是「失道而後德」，如果眞的遠古的人們是自然「得道」，都是如赤子般天然淳樸，也就不必強調「德」或「道德（得）」了。但如果人們已經失去了天然的淳樸，就不得不強調各種德性和人格的訓練和培養。接著則大概是「失德而後義」，也就是如果統一的價值理想和德性觀被破壞，則不得不以原則義務為中心，這就是我們在古代「道為天下裂」的亂世和統一的價值觀崩解的現代社會中所看到的情景。如果連「義」也被破壞，則社會大概要落入「失義而後刑」甚至「失刑而後亂」的狀態。

今天我們將何去何從？是尼采還是亞里士多德？是德性倫理還是非道德主義？麥金太爾以尖銳的形式提出了這個問題。

他認爲這一對立是根本的對立，而他的傾向是轉向古代，轉向傳統。但是，他可能沒有充分估計到接受一種德性倫理的社會機制已經改變，例如亞里士多德和中國古代儒家的那樣一種倫理學誠然立意高尚，但受社會條件的限制，卻不再可能成爲現代社會占支配地位的倫理學類型；而另一方面，透過區分價值和正當，我們卻還是有可能找到在德性倫理和非道德主義之外的第三條道路：即一種以原則規範爲中心的倫理學類型，這種倫理學還是有可能支撐起現代社會的基本道德。而那種追求人格的卓越和德性的優美的倫理學雖然暫時不在社會倫理的領域內產生支配作用，卻完全可以在我們的個人道德生活中發揮積極的、甚至對許多個人來說是主導的作用。我們可以自己選擇成爲一個什麼樣的人，可以充分地去發展和完善自己的各種德性和潛能，展示人可以達到什麼和超越什麼，讓人性在自己的身上放射出燦爛的光輝。

當代法國一位哲學家斯蓬維爾寫了一本書叫《小愛大德》，他認爲一個人的美德就是使他變得人道的一切，亦即德性是一種人道的能力。斯蓬維爾想探討那些最重要的美德，這樣，他從一份三十來種美德的清單中挑出了他認爲無可再刪的十八種德性：從還不屬於道德的「禮貌」開始，到已經超越道德的「愛情」結束，其間包括忠誠、明智、節制、勇氣、正義、慷慨、憐憫、仁慈、感激、謙虛、單純、寬容、純潔、溫和、眞誠、幽默。他說，關於美德的思考不一定會造就有德性的人，但是，這種思考至少可以培養我們的一種德性：謙虛。我們至少可以知道我們缺少什麼，由此也許使我們下決心去努力彌補。

7.3 德性與幸福

我們每一個人都希望得到幸福，那麼幸福是什麼？幸福和德性又有什麼關係？有德的人都能夠得到幸福嗎？怎樣理解這種幸福？

幸福由於和主觀感受緊密相關，所以，對幸福的定義和理解也是多種多樣。幸福有時被直接等同於主觀感受到的快樂，或者被理解爲外在的權力、財富、名望、成功、幸運；還有的人理解幸福就是某種或某些德性，例如認爲幸福就是智慧、就是公正或高尚等等。

我們還是從古希臘人的幸福觀談起，在希羅多德的《歷史》中，開始部分就講述了一個傳說的故事，說的是雅典的立法者梭倫出遊，到了一個叫做克洛伊索斯的國王的宮殿，克洛伊索斯領著梭倫去參觀他的寶庫，把那裏所有一切偉大的和華美貴重的東西都給他看。然後問他「怎樣的人是最幸福的？」他所以這樣問，是因爲他認爲自己是人間最幸福的人。然而梭倫卻說最幸福的人是雅典的泰洛斯，因爲泰洛斯的城邦是繁榮的，而且他又有出色的子孫，他一生一世享盡了人間的安樂，卻又死得極其光榮——極其英勇地死在疆場之上，雅典人在他陣亡的地點給他舉行了國葬並給了他很大的榮譽。克洛伊索斯又問他，除去泰洛斯之外在他看來誰是最幸福的，心裏以爲無論怎樣自己總會輪到第二位了。梭倫卻仍然沒有說到他。克洛伊索斯發火了，他說：「雅典的客人啊！爲什麼您把我的幸福這樣不放到眼裏，竟認爲它還不如一個普通人？」梭倫大致這樣回答他說：「人間的萬事是無法逆料的。你現在極爲富有並且是統治著許多人的國王；然而，只有我在聽到你幸福地結束了你的一生的時候，才能夠給你回答。因爲不管在什麼事情上面，我們都必須好好地注意一下它的結尾。因爲神往往不過是叫許多人看到幸福的一個影子，隨後便把他們推上了毀滅的道路。」後來，果眞克洛伊索斯發動戰爭，打敗後成爲階下囚，這時他才想起梭倫所說的話是對的。

梭倫對這位國王說的話還是委婉的，他沒有說到即便對一個國王來說，財富和權力也並不足以構成幸福的全部要素，而對另一些人來說，它們甚至完全不是構成幸福的主要因素。梭倫在這裏主要還是強調幸福的完整性和終極性，這種有關幸福的必須「蓋棺論定」，即觀察一個人的幸福不僅要看一時一事，而是要看他的完整一生的觀點，不僅是希羅多德筆下所托梭倫一個人的思想，而且是在希臘人中相當流行的觀點。這種幸福觀也含有道德和報應的內容，在這個傳說中，克洛伊索斯受罰是與其祖先的篡位和他自己的驕傲有關。

柏拉圖在《理想國》的一開頭就提出了這樣的問題：一個正義者是否比一個不正義者更爲幸福？換言之，就是德性對幸福的生活有何影響。這牽涉到每個人一生的道路的選擇——你願意做哪一種人，過一種什麼樣的生活？有時現實社會的狀況並不是令人樂觀的，你會看到好人受苦而惡人反倒享受財富、權力和成功。俗話說「善有善報、惡有惡報」，但有時我們卻看到相反的情形：善人受到冤屈，而惡人卻得意洋洋，不受懲罰。這不免讓人感到失望乃至義憤。但是，正如德國倫理學家包爾生所說，人們感到這樣的事情發生是很不應該的，甚至是一種例外情形，所以才特別引起我們的注意，並且使我們產生一種強烈的義憤。我們也知道「善有善報、惡有惡報」的後兩句話是「不是不報，時候未到」。「天網恢恢，疏而不漏」。善惡的報應有時是需要時間的，這種「報」有時不一定是當世之報、及身之報，而是報及身後，報及子孫。所以古人又有「爲後世積德」或「不給後代造孽」之謂。而在一種相信「靈魂不朽」的信仰文化中，則還有一種更強烈的一種超越的存在終將「賞善罰惡」或者因果報應的信念。就像蘇格拉底在《理想國》的最後所說，正義者可能一時落後，但最後還是會比不正義者更早到達終點，實現自己的目標。無論如何，正義本身也是最有益於靈魂自身的。人們將因正義的美德在生前和死後從人和神的手裏得到各種各樣的酬報——包括生前和死後的酬報。人的靈魂是不朽的。一個人只有透過實踐正義和其他美德，才能達到眞正的幸福和至善。

另外，又有一個如何理解幸福的問題，我們不能否認，有時由於天災或人禍，我們面對的現實生活是嚴酷的，處境是艱難的，但如果按照亞里士多德的觀點：「幸福即是合於德性的現實活動」，則任何外在的困苦和不幸都不足以剝奪我們實踐德性的能力。斯多噶學派的哲學家在這方面常常表現出一種對於外在痛苦的驚人忍耐力。在此，「幸福」的概念甚至被完全精神化了。在我們的一生中，我們也許不至於接受如此的考驗，但是，我們確實有必要使我們的幸福觀念變得較爲寬廣，較爲多樣。如此，幸福也才更有可能。幸福不只是內在的快樂，也不只是外在的功利，當然，最好也不只是單純精神的福祉。人是有肉體存在的人，所以需要一定的物質供養，而許多知識、審美和精神的活動，甚至於德性的培養也需要一定的物質條件。故而希臘哲人從梭倫到亞里士多德都談到人的發展和幸福需要一個中等水平的財富。亞里士多德說，作爲一個人，思辨總要求有外部條件，進行思辨的本性本不是自足的。它要求身體的健康，食物及其他物品的供給。但是，如若說幸福也不能缺少外在善的話，這並不是說幸福需要占有很多東西。在過度中是找不到自足的，實踐也是這樣。一個人可以不是大地和海洋的主宰者，但做著高尚的事業。有一個中等水平的財富，一個人就可以做合於德性的事情。梭倫對人的幸福作過一番很好的描述：這就是具有中等的外部供應，而作著高尚的事情，過著節儉的生活。

幸福常常伴隨著主觀感受的快樂，幸福中無疑包含著快樂，但是我們能不能說快樂就是幸福呢？快樂是有很多種類的，有單純和複雜、持久與短暫、寧靜和熱烈等區別，其中還有一些可疑的快樂，或如亞里士多德所說，有些快樂還是不好的。他根據人類自我實現的觀點來看待快樂，認爲人的每種實踐活動都有自身的快樂。所以，實踐活動是好的，其快樂也是好的；實踐活動是壞的，其快樂也是壞的。快樂完善著這些實踐活動，也完善著生活，這正是人們所嚮往的。所以，人有充分的理由追求快樂。因爲快樂完善著每個人的生活，而這是值得欲求的。這兩者似乎是緊密聯繫、無法分開的。沒有實踐活動也就沒有快樂，而快樂則使每種實踐活動更加完善。

在亞里士多德看來，思想的快樂高於感覺的快樂，在思想的快樂相互之間，也有一些快樂高過另外一些快樂。越是複雜、艱難和需要付出代價的活動，帶給人的快樂反而越大。每種動物都有它本身的快樂，正如有它本身的活動。就是說，每種動物都有相應於其實現活動的快樂。馬、狗、人，都有自己的快樂。赫拉克利特說，驢寧要草料而不要黃金，因爲草料比黃金更讓牠快樂。所以，不同種的動物有不同的快樂。反過來也可以說，同種動物有同種的快樂。不過在人類中間，快樂的差別卻相當大。最高的快樂是一種純淨持久的思想的快樂。

我們不否認快樂，但卻不同意以快樂作爲道德判斷的根本標準的快樂主義。我們也對把快樂或者幸福作爲人追求的目標的觀點感到懷疑。我們常說人人都有追求自己幸福的願望和權利，但是，無論在心理學上還是現實生活中，我們都不難發現，人們越是追求自己的幸福快樂——尤其是當把這種幸福主要理解爲由欲望的滿足所帶來的快樂的時候，那麼，他們越是追求，卻反而越是不容易得到快樂和幸福。

所以，重溫一下康德的這一觀點是有益的，他承認，就我們作爲一種有限的感性存在而言，禍福誠然關係重大，追求幸福也是每一個人的願望，會成爲決定他的行爲動機的一個原因，但它不能被視爲道德法則或其根據。與其說道德學是教人怎樣謀求幸福，不如說它是教人怎樣使自己配享幸福。也就是說，即便我們把倫理學當成一種幸福學說來處理，它也只是研究幸福的合理和必然的條件，而不研究獲致幸福的種種手段。幸福不會從天降，幸福是需要付出努力和代價的。而且，有時候它恰恰需要不苦樂才能於無意間得到。康德的意思是我們應當只是去努力履行和完成自己的義務、職責和使命，而自身不以快樂和幸福爲意，但是，從至善的意義上來說，一切道德努力都應當是得到適當的評價和報償才算完善，這樣，從完整性的角度就需引入宗教、引入永恒、引入靈魂不死和上帝存在的概念。

7.4 善與至善

人有兩種明顯區別於其他動物的獨具能力：一是形成善觀念的能力——及能夠區分什麼是好壞；一是形成正義感的能力，即能夠區分什麼是正邪。這兩種能力是構成道德人格的基礎。人有了第一種能力，就能夠有目的、有意識地形成自己長遠的合理生活計畫，並爲此而努力；人有了第二種能力，就能夠調整相互的關係，使各種合理的生活計畫並行不悖乃至相互合作與補充。

人的行動、活動和選擇都是有意圖、有目的的。這種目的可以被稱之爲「好」或「善」，「好」和「善」在英文裏是同一個詞“good”，在中文裏，我們可以用「好」來表示一般的人所欲求的目標，而用「善」來表示人所欲求的對象中那一部分具有道德正當含義的目標。我們還可以用「價值」來表示人所欲求的各種目標，最後，我們還可以用「幸福」和「至善」來稱謂個人或社會追求的總的目標。

無論在中國還是在西方的傳統社會裏，占優勢的是一種目的論、價值論的倫理學類型，這種倫理學類型常常把善論（目的論、價值論、幸福論）與德論（功夫論、修養論、義務論、人格理論）結合起來，其中善論主要是講人要達到的目標，德論主要是講人要達到這一目標的途徑、手段，或者這一目標在人的活動、性格中的體現，故而後者一般要以前者爲依據。當然，在像王陽明那樣的強調知行合一、功夫即本體的倫理學中，兩者又是渾然無間的。我們在亞里士多德那裏也可以看到，在最高的層面上，善、目的、價值、幸福乃至德性是融為一體的。

亞里士多德是傳統完善論倫理學的主要代表和系統闡述者。人們有時也把他的倫理學理論稱之為「至善論」、「自我實現論」或「精力論」。亞里士多德認為，人的一切活動、計畫都以某種善的事物為目的，這些作為目標的善則有主從、高下，以及同時也作為手段和僅僅作為目的本身的分別。善的事物可以分為三個部分，一部分稱為外在的善，另兩部分稱為靈魂的善和身體的善。其中靈魂的善是主要的、最高的善，是作為最後目的或目的本身的善。這也就是「至善」或「善自身」。

在亞里士多德看來，人的善即合於德性而生成的、靈魂的現實活動。而在一種最高層次的意義上，靈魂的理智思辨與最高的德性、幸福、至善是合為一體的。這種活動是最自足、最無待於他人和外界物質條件的，智慧的人靠他自己就能夠進行思辨。比起做其他任何行為來，人也更有可能不斷地思辨。哲學思辨還以其純淨和經久而具有驚人的快樂。它在自身之外別無目的追求，它有著本身固有的快樂，如若一個人能終生都這樣生活，這就是人所能得到的完美幸福。

而且，這與其說是一種人的生活，不如說是一種高於人的生活，我們不是作為人而過這種生活，而是作為在我們之中的神過這種生活，這種思辨表現了我們內在的神性。如若理智對人來說是神性的，那麼合於理智的生活相對於人的生活來說當然也就是神性的生活。亞里士多德要我們「不要相信下面的話：什麼作為人就要想人的事情，作為有死的東西就要想有死的事情，而是要竭盡全力去爭取不朽，在生活中去做合於自身中最高貴部分的事情」。

但這種思辨畢竟不是所有人都能達到或接近的，甚至也不是所有人都願承擔的。我們可以再看近代德國倫理學家包爾生給出的一個有關「至善」的積極定義：

> 我們可以以一種最一般的方式說，每種動物所意欲的目標，都是那種構成它本性的各種生命功能的正常訓練和實行。每種動物都希望過合乎自己性質的生活，這種天賦性質在衝動中顯示自己，支配著動物的活動。這個公式同樣適合於人，他希望過一種人的生活，在這種生活裏包含著人的一切，也就是說，過一種精神的、歷史的生活，在這種生活裏為所有屬人的精神力量和性格留有活動空間。他希望娛樂和學習、工作和收穫、占有和享受、製作和創造；他希望熱愛和崇敬、服從和統治、戰鬥和勝利、寫詩和幻想、思考和研究。他希望盡可能地做這些事情，希望體驗孩子和父母、學生和老師、徒弟和師傅的關係；他的意志在這樣的生活中得到最大的滿足。他希望像一個兄弟一樣生活在兄弟之中；像一個朋友一樣生活在朋友之中；像一個夥伴一樣生活在夥伴之中；像一個公民一樣生活在公民之中；同時像一個敵人一樣對待他的敵人。最後，他希望體驗一個愛人、丈夫、父親所要體驗的一切，他希望撫養和教育那要保存和傳續他的生命的孩子。在他過了這樣一種生活，像一個正直的人一樣履行了自己的使命以後，他實現了他的願望；他的生活是完善的；他滿意地等待著結局，他最後的希望就是平靜地死去。

這是一個可以適合於所有人的至善定義，但是它還是相當形式化的，這也大概是不能不如此。包爾生也承認其間的具體內容需要由民族的歷史生活來塡充，因而完善的理想在希臘人、羅馬人、希伯來人那裏，乃至同爲希臘人的雅典人和斯巴達人那裏，都包含有相當不同的內容。

近代「善」的概念已經不易規定，進入二十世紀以後的現代社會則更加深刻地感到了各種「善」或「好」的觀念的歧異，至於「至善」的概念則尤其難下斷語。但無論如何，人類向善的心並不會泯滅，善的理想還會是引領人類奮鬥和努力的火炬。

8. 正義

蘇格拉底：格勞孔啊，現在正是要我們像獵人包圍野獸的藏身處一樣密切注意的時候了。注意別讓正義漏了過去，別讓它從我們身邊跑掉，在不知不覺中消失了。它顯然是在附近的某個地方。把你的眼睛睜大些，努力去發現它。如果你先看見了，請你趕快告訴我。

柏拉圖《理想國》

柏拉圖（Plato, 427-347 B.C.）是蘇格拉底的學生，他主要著有三十多篇對話，這些對話無論在哲學思想的深度和廣度上都達到了後人難以企及的地步，以至懷德海認爲後來的西方哲學基本上是柏拉圖思想的註腳。在這些對話中，我們不僅可以一窺柏拉圖博大精深的思想體系，還可以領略到這些思想的產生過程，以及難以言狀的語言文字之美。

倫理可分爲個人倫理與社會倫理兩個方面，如果我們用「正當」（right）一詞表示個人行爲是「符合道德」的，那麼我們可以用「正義」（justice）一詞來表示社會實踐——包括制度、政策及制度中人的行爲的「符合道德」。因此，我們在此是把「正義」作爲對社會道德評價的基本範疇來使用和探討的，正義即社會正義，正義即「符合道德」，問一個社會是不是正義的，就等於問：一個社會是不是符合道德的；而如果我們問一個人及其行爲是否符合道德，我們不用「正義」，而用另外的字眼，如「正直」、「正當」乃至「公正」等等。所以，我們在此所使用的「社會正義」的概念，並不含有現代政治哲學家所爭論的特殊含義：即強調社會的重塑、利益的再分配乃至以需求爲分配標準等，而只是指正義評價的對象不是個人而是社會。

由於人們對「何爲符合道德 」的觀念不盡相同，人們的正義觀自然也就呈現出種種差異，眾說紛紜，如有的同學所言：在漢語中，「正義」和「爭議」是同樣的發音，西方一些學者如麥金太爾甚至認爲在現代的啓蒙話語系統中，這種有關正義的爭議是根本的、不可化解的、不可通約的。這種看法也許過於悲觀，但是，我們在本章中，確實也是想多介紹一下有關正義的基本要素和主要觀點，而不輕易提出結論，我們想採取一種宏觀和比較的視角，對中西的觀點都有所論列。我們對正義的態度也許應當像蘇格拉底那樣，總是在致力於探尋和隨時有一種反省。

8.1 「正義」的概念

我們可以按照羅爾斯的劃分，在「正義的概念」（concept of justice）和「正義的觀念」（conceptions of justice）之間作出區別。前者只是一個形式的確定：指一種社會制度對基本權利和義務的分配並沒有在個人之間作出任何任意的區分、其原則規範使各種對利益的衝突要求有一恰當的平衡。而正義的觀念和理論則是具有實質意義的、涉及到這種區分和平衡的標準和原則究竟是什麼的問題。我們首先談正義的概念。

中國古代蘊含有「正義」之意義的概念主要有兩組，一組以「正」字開頭：正直、正平、正義；一組以「公」字開頭：公平、公道、公正。除「公正」外，它們都始見於先秦典籍：

A.正直——「靖共爾位，好是正直。」《詩·小雅·小明》；又《書·洪範》：「平康正直。」

正平——「棄世則無累，無累則正平。」《莊子·達生》又《管子·心術下》：「凡民之生也，必以正平。」

正義——「正利而爲謂之事，正義而爲謂之行。」《荀子·正名》

B.公平——「天公平而無私，故美惡莫不覆，地公平而無私，故小大莫不載。」《管子·形勢》

公道——「然後明公職，序事業，材技官能，莫不治理，則公道達而私門塞矣。」《荀子·君道》

公正——「公之爲言，公正無私也。」《白虎通·爵》

這六個雙音詞是由六個字組成的，撇開表示「義理、規範」的「道」、「義」而不論，表示實質意義的是「公」、「平」、「正」、「直」四個字，按照《說文》的釋義，大致是借助平釋公，借助公釋平，借助直釋正，借助正釋直。我們翻檢《經籍籑詁》，也發現這四個字經常被用來互訓，它們雖有微殊，但實在是意義相當接近的詞。因此，在趨同的意義上，我們可以說：公、平、正、直之義可統稱爲「正義」：公即不私，平即不陂，正即不偏，直即不曲，正義即公平正直之義。或者我們還可以再合併一下，把「不偏、不陂、不曲」都歸爲一義，從而更概括地說，正義即公正之義。

最早也最能揭示「正義」這種形式含義的一段論述可見《尚書·洪範》：「無偏無陂，遵王之義；無有作惡，遵王之路。 無偏無黨，王道蕩蕩，無黨無偏，王道平平；無反無側，王道正直。」這段話至少可說明三點：(1)這裏所說的是社會政治德性，即王道；(2)王道是正直的，即不偏不陂；(3)正直的前提是無私。

這種公正無私可比之於天、地、日、月，如《禮記·孔子閒居》中載：「子夏曰：『三王之德參於天地，敢問何如斯可謂參於天地矣。』孔子曰：『奉三無私以勞天下。』子夏曰：『敢問何謂三無私。』孔子曰：『天無私覆，地無私載，日月無私照，奉斯三者以勞天下，此之謂三無私。』」《呂氏春秋·去私》也說：「天無私覆也，地無私載也，日月無私燭也，四時無私行也，行其德而萬物得遂長焉。」

現在，我們可以總結一下古代中國人對於正義的最一般解釋：正義即公正。公正的含義有二：一曰無私，二曰不偏不陂。正義最好的象徵是天，天廣大無私，不偏不倚地覆庇所有人。然而，如果要問何爲無私，何爲不偏，天到底是什麼，是有人格的還是非人格的等等問題，就要從形式的正義進到實質的正義。

對於西方的「正義」概念，我們不欲做文字訓詁的探討，而直接進入對正義的定義：

畢達哥拉斯：正義基本上就是平等，就是對等。這種「對等」既有「平等互利」的意思，又有「以牙還牙」進行同等報復的意思。

巴門尼德有〈論正義〉一詩，認爲正義是「有力的復仇者」，正義是不允許產生，也不允許毀滅的，是絕對的。

柏拉圖《理想國》：「正義原則就是每個人必須在國家裏執行一種最適合他天性的職務。」「正義就是只做自己的事而不兼做別人的事。」

亞里士多德《政治學》及《尼各馬可倫理學》卷五中言：正義是社會性、政治性的品德，是樹立社會秩序的基礎。正義總是關係到他人，正義分爲兩類，一類是分配財富和榮譽，即分配的正義，一類是在交往中提供是非的標準，即糾正的正義，正義是中道、平衡、均等和相稱，正義就是把各人應得的給各人。

查士丁尼《法學總論》：「正義是給予每個人以其應得的東西的堅定而恒久的意志。」

托馬斯·阿奎那《神學大全》：正義「是一種習慣，依據這種習慣，一個人以一種永恒不變的意願使每個人獲得應得的東西」。「公理或正義全在於某一內在活動與另一內在活動之間按照某種平等關係能有適當的比例。」正義可分爲自然的正義與實在的正義，自然的正義即根據當然的道理，當一個人拿出一定量的東西時，他可以得到同樣多的東西作爲交換，實在的正義即透過契約或協定產生正義，後者服從前者。

當代神學家布倫納（Brunner）《正義與社會秩序》：「一種態度、一種制度、一部法律、一種關係，只要能使每個人獲得其應得的東西，那麼它就是正義的。」

羅爾斯《正義論》：「在某些制度中，當對基本權利和義務的分配沒有在個人之間做出任何任意的區分時，當規範使各種對社會生活利益的衝突要求有一恰當的平衡時，這些制度就是正義的。」

我們有意選擇了這些不同時期不同思想家的具有代表性的論述，來說明正義的形式定義。簡要地說正義在結構上可分爲三個方面：一是在做什麼？二是誰在做？三是對誰做？對做什麼的回答是：分配各種基本的政治權利和義務、社會地位和榮譽、經濟利益和收入等，這裏的分配是最廣義的，有時是指某些活動自然的結果（如市場經濟）而非政府有意而爲。另外，它在最廣義上也可包括分配懲罰，這樣，糾正或報復的正義就可以包括在內。而能做這些事的當然只能是社會、國家、有權威的組織、制度（包括像市場制度這樣的制度），故而這些組織結構就構成「誰在做」的主體，我們因此才說正義是一種社會性、政治性或者說制度的品德。至於「對誰做」的問題，顯然，這種分配要涉及到一個國家內的所有公民或者一個社會內的所有成員。因而正義的問題是至關重要的，常被認爲是最基本或需要最優先考慮的德性。

然而，以上這三個方面還只是討論結構方面的因素，還沒有回答「何爲正義？」的問題，而要回答這個問題，就需要問「怎樣分配才算恰當？」。以此觀察我們上面所引的各家論述，我們會發現，他們不僅都同意正義是一種社會德性，正義的主要任務是廣義地分配權益等，而且也都同意：正義就是把各人所應得的給各人，使各人各得其所、各得其值。在這個意義上，正義就是均衡、相稱，就是不任意區分，也就是有原則或者有法律、持之一貫，而不是隨意安排。

然而，這裏給出的還只是正義的一個形式定義，我們是否還能從這個定義中發現更多的東西呢？在「應得」或「均衡」後面還隱藏著什麼呢？我們肯定不能說一個暴君的任意妄爲、反覆無常是正義，正義作爲社會制度的根本道德原則規範，必然是有「常」的，那麼，這個不依時間、地點、條件爲轉移的「常」是什麼呢？

正義總是與平等有某種聯繫，或者說，「平等」就是這個「常」，正義總是意味著把同等的待遇給同等的人，這就形成常規而非任意。正義的形式定義是可以容納各種正義觀的，包括等級主義的正義觀，這種正義觀可以概括爲：平等地對待屬於同一等級或類型的人，不平等地對待不屬同一等級或類型的人。甚至它還可以概括爲：平等地對待所有人，只有你具有了某種血統、身分、地位、金錢、權力、財富、勞動、貢獻等條件，能夠使你置身於某一等級或某一類型的，你就會受到這一類型所有成員一樣的對待。這些條件對內是共同點，對外則是差異。而人事實上都是有各種不同範圍內的共同點和差異的，關鍵是挑出哪些差異來區別對待，或者說挑出哪些共同點來同等對待。

因此，關鍵的問題就又轉到了劃分的基本標準是什麼，根據什麼來給予人們以同等的或區別的對待。按照社會變遷的歷史形態，我們可以說：有的社會主要是根據血統、出身來進行分配；有的社會主要是根據土地、官職來進行分配；有的社會主要是根據金錢、財富之間的某種等價交換原則來進行分配；有的社會主要是按照貢獻或需求來進行分配；還有的社會則是混合了各種原則進行分配。

比較中國與西方對正義的詮釋，我們發現在正義的形式定義方面，中西並無多少差別，對正義概念的理解基本上是一致的，中國古人所理解的無私與不偏不倚也意味著某種平等，即以某種標準同樣地對待所有的人。然而在表述的風格和形式上，中西卻有明顯的差異，西方比較注意對正義的邏輯探討，有對正義的嚴格定義和縝密推理，而古代中國人則比較喜歡用象徵和比喻來描述正義， 如以「天」象徵公道和正義，帶有某種感情和直觀色彩。

8.2 正義的觀念與理論

以上是從概念、形式來談正義，我們下面可以比較宏觀地來考慮歷史上出現過的幾種主要正義觀念和理論，或者說，可以考慮「正義」在歷史上實際地呈現什麼面貌，它們的性質是絕對的還是相對的、其力量根據是什麼，以及它們是如何爲自己辯護，從而形成各種正義觀點和理論的。下面我們據此把中西正義理論分爲六種主要類型：

1.強力正義觀

這是以公開或隱蔽的強制力量、暴力、權力做為主要依據來確定正義的理論觀點，捍衛此觀點的古今中外都不乏其人，而且，實際奉行此觀點的人可能比公開捍衛的還要多得多。「強權即公理！」就是他們默認的口號，在中國歷史上，「勝者爲王，敗者爲寇」，「正義集於公侯之門」的說法也都反映出這一事實。在柏拉圖的《理想國》中，特拉敘馬霍斯聲明「公正不外是強者的利益而已」，因此，所謂公正守法也不過是迎合強者的利益，屈從於強者的意志。

法國十七世紀思想家帕斯卡爾從正義與強力的關係，正義需要某種制裁力量談到了人們爲什麼常使強力變爲正義：「正義而沒有強力就無能爲力，強力而沒有正義就暴虐專橫，正義而沒有強力就要遭人反對，因爲總是會有壞人的，強力而沒有正義就要被人指控。因而，必須把正義和強力結合在一起，並且爲了這一點就必須使正義成爲強力的，或者使強力的成爲正義的。」但是，前一條路看來要比後一條路難得多，所以，實際情況常常是強力成爲正義。「正義會有爭論，強力卻容易識別而又沒有爭論。這樣，我們就不能賦予正義以強力，因爲強力否定了正義並且說正義就是它自己。因而，我們既然不能使正義的成爲強有力的，我們就使強力的成爲正義的了。」帕斯卡爾並不是絕對地否定正義，他嘲諷人間正義毋寧說是爲了引出神聖的正義，然而在此確實揭示出人類歷史的某種事實。誰也不能否認正義必須借助於強力，問題在以強力還是正義爲根基。脫離了強力的正義是軟弱的，脫離了正義的強力則是邪惡的。

強力並非意味著總是少數強者掌權，也可能出現弱者聯合起來制約強者的情形。例如在柏拉圖的《高爾吉亞》中，卡利克勒斯就說：「法的制訂者是占人口多數的弱者，他們制訂法規，著眼於自己和爲自己的利益而表揚和譴責，威脅那些較強的能夠勝過他們的人，使其不能超越他們。」後來一些懷疑與害怕民主制會導致「多數暴政」的人，大概也傾向於這種看法。

強力正義觀最終將導致道德相對主義、乃至虛無主義的觀點，因爲它不僅把道德正義交給外在的非道德的東西，而簡直是交給不道德的東西去決定了。帕斯卡爾很形象地揭示了這種透過國界封閉在各個國家裏的正義觀的相對性：「緯度高三度就顚倒一切法理，一條子午線就決定眞理，根本大法用不到幾年就改變；權利也有自己的時代，……在庇里牛斯山的這一邊是眞理的，到了山那一邊就是錯誤。」茨威格也曾寫到一個人在第一次世界大戰爆發時從歐洲的東部到西部旅行時，看到戰爭雙方的國民都在義憤塡膺、群情激昂地遊行示威的情景，他們都認爲自己的國家是站在正義的一方而發誓要打敗和消滅對方。

2.功利正義論

功利正義論主張正義應當依據功利、幸福或者說非道德價値來確定，正義依賴於善。「最大多數人的最大利益」——邊沁的這一公式，可以說是功利主義者的一個基本信條，他們就以此來衡量社會的正義，凡能最大程度地促進這種利益的社會制度，就是正義的制度，反之，則是不正義的制度。功利正義論今天仍然很流行，而溯其根源也是源遠流長。早在古希臘，伊比鳩魯就談到：一件事，一旦為法律宣布為公正，並且被公認為有利於人們的相互關係，就變成公正的事，而不論它是否被普遍認為公正。伊比鳩魯也談到正義是由契約、約定而來，人們之所以訂立契約都是為了相互的利益和互不傷害，所以，正義歸根結底是圍繞著功利旋轉的。凡是承認正義與價值，道德與利益有某種聯繫的理論觀點，可能都會在某種程度上贊同功利論，這也有其道理，因為人們並不是「為道德而道德」，社會也不是「為正義而正義」的，人類還有其非道德的目的和追求。因此，分歧是發生在對利益做何種解釋，以及怎樣看待正義與功利的關係，兩者孰更優先的問題上，一般來說，功利正義論是把功利看得更優先，認為正義必須由功利來決定的。這樣，在一些批評者看來，道德正義既然是由外在的非道德的東西所決定，隨著利益發生變化，正義也就發生變化，正義就沒有一種自足性和確實性了，就沒有自己內在的根據了，也就沒有一種普遍適用性和恒久性了，這也容易走向相對主義。

3.契約正義論

我們在此主要是指一種道德理性的契約理論，至於把契約理解為「功利」的理論，我們則歸之於功利正義論。這種契約正義論認為正義是來自契約，這契約可能是現實的，但更可能是虛擬的，實際上是人的理性立法，意志自律。康德、羅爾斯等都可以說是屬於這種契約正義論。康德是反對幸福主義或者說功利論的，他試圖透過闡述人同屬於兩個世界——一個世界是經驗世界、功利世界，一個世界是理性世界、道德世界——來捍衛道德的崇高性和純粹性，道德正義是人的理性的自我立法，體現著人作為理性存在的自由本性。羅爾斯是契約正義論在當代的突出代表，他認爲：正義的原則來自一種理性所設計的訂立契約的「原初狀態」 。在這種高度抽象的、虛擬的公平條件下的原初狀態中，選擇者所達到的公平契約，也就是正義的原則。羅爾斯認爲正義獨立於功利，正義優先於功利，正義原則絕不以利益的權衡爲轉移，這說明契約正義論較強調道德原則的絕對性。

4.自然正義論

這一理論主要是指自然法派理論家的正義觀點，這些理論家把正義（道德法）與自然法直接聯繫起來而並不經過契約的仲介，認爲正義起源於自然法，正義就包括在自然法之中，自然法是客觀存在於世界中的普遍法則，是判斷人類成文法的最高標準，這種法也就是人本身完美的理性，或者說人神共享的理性。如西塞羅談到：自然法是正義與非正義事物之間的界限，是自然與一切最原始的和最古老的事物之間達成的一種契約，它們與自然的標準相符，並衍生了人類法。

自然正義論者特別強調正義的絕對性、普遍性和永恒性。古典自然法理論家且一般都承認自然法與上帝的聯繫，但並不以上帝爲中心來闡述其理論，而當代西方的許多新自然法理論家就更是謹慎地使自己處在人類理性的範圍之內來進行探討了。自然正義論和上述的道義理性的契約論都是屬於理性主義的義務論。

5.神學正義論

神學正義論是一種以上帝、神爲正義的根源，並使正義理論從屬於神學的理論。斯多噶派已經有把正義歸源於神的傾向，基督教神學家們則進一步鞏固了自然正義與上帝的聯繫，這樣，自然法也就等同於上帝法。奧古斯丁逕自把基督教教義奉為自然法。中世紀教父也常把自然法等同於聖經的天啓法。托馬斯·阿奎那依效力等級把法分為永恒法、自然法、神法和人法四級：永恒法是上帝支配世界萬事萬物的法；自然法是上帝統治理性動物（人類）的法；神法即聖經，是抽象自然法的具體化和補充；人法是君主或國家制定的法律。神學正義論為道德正義建立了一種外在的、神學的根基，賦於道德戒律一種神聖性和嚴格性，天堂、地獄的描繪也加強著道德的制裁力量。然而，由於神學把人生看作只是通向彼岸的一段旅程，人類社會的正義也就相對處在一個次要的地位。

6.天道正義論

中國古代正義思想的主流可以說是一種天道正義論，雖然各家各派對天道的理解有些不同的解釋。孔子論政說「天何言哉？四時行焉，百物生焉，天何言哉」，把天看作是為政的根本，以後《易傳》、《禮記》、荀子一系的禮義天道論又進一步發展了這些思想。老子說：「人法地，地法天，天法道，道法自然。」至於墨子則更是尊天，而且是有意志、有賞罰的人格的天。把天作為正義之根源、公道之象徵，實為中國古代正義觀的一個特色。當人們遭受不義時就常常仰望蒼天，向天傾訴。屈原問天，竇娥哭天，執法公正的官吏被稱之為「青天」，正義公道被稱之「天理」，君主則比之為代表天監下民的「天子」等等，都反映出在古代中國人心目中天與正義的牢固聯繫。

8.3 正義的原則

正義的原則構成正義理論的核心，它也最集中地反映了一種正義理論的基本價值取向和實質性觀點。我們可以從當代西方最有影響的羅爾斯正義論出發來討論這個問題。羅爾斯提出他的兩個正義原則，是想取代功利主義的正義原則，功利主義的正義原則是單一的，一切都以社會的功利爲標準來衡量制度和政策。而羅爾斯提出的正義原則不是一個，而是兩個，但這兩個原則又構成一個系列，一種次序，必須先滿足了第一個正義原則，才能滿足第二個正義原則。這和羅斯對義務的劃分不同，在羅斯那裏，六種義務是各自獨立、沒有先後次序的。而在羅爾斯這裏，正義是處在一種「詞典式的次序」中的：即先要列出所有A打頭的詞，然後才是B打頭的詞。

羅爾斯的兩個正義原則的第一個是「平等自由」的原則，或者更簡潔地說就是「自由原則」，它是主張要平等地保障所有人的基本自由權利，尤其是良心自由、信仰自由、言論自由和政治自由，它主要是適用於政治領域；第二個原則則主要是適用於社會經濟領域，是主張在公平機會的前提下最關懷那些處境最差者，如果說它仍然允許甚至鼓勵各種分配差別的話，那麼，這種差別現在是必須最有利於那些最不利者。這顯然是一個具有較強平等主義傾向的原則，羅爾斯顯然也是希望社會透過遵循這樣的正義原則，最後達到一種「自由、平等、博愛（表現爲均富）」的社會。

換言之，羅爾斯主要考慮的是「自由」與「平等」的協調，他的傾向是在保障基本自由的前提下最大限度地兼顧利益平等——即使這要損害到經濟自由。西方學者對他的第一原則爭議不是太大，他們主要是批評他的第二原則——最關懷最不利者以求平等的原則。但我們如果放寬眼光也看一看世界（這也是放長歷史的眼光），就也許還要考慮還應該有一個正義原則應當更爲優先，這就是生存或者說保存生命的原則，即完整地說，一個由「生存——自由——平等」三原則構成的正義系列可能更爲恰當。我們在依次研究霍布士、洛克、盧梭三個主要的社會契約論的代表時，也可以發現這樣一個系列。

首先是生存，或者說生命的保存。生存意味著身體不受任意的侵害，不受死亡的威脅，也意味著擁有以其所屬的文明的標準來看是基本的物質生存資料，這無疑是任何社會、任何國家應當首先滿足的基本價值，也是人類之所以由原始社會過渡到政治社會的第一動因。純粹由拳頭和身體來決定一切的狀態是可怕的狀態，戰爭、內亂、饑饉等會剝奪千百萬人的生命，因此，這是一個國家所要首先考慮防止的。在面對無政府狀態的危險，尤其是當道德與宗教等精神上的約束力也被大大地削弱的條件下面對這種危險時，甚至一種有嚴重缺陷的政治制度也不失爲較佳的選擇。所以，馬基雅弗利、霍布士都強調穩定與和平，贊成君主制政體，這與他們所處的混亂時代很有關係，他們都親歷了戰火蔓延的瘡痍滿目，哀鴻遍野。由於有時生命處於極度無保障的狀態，生存就成爲壓倒一切的問題，穩定爲天下之最大利益，尤其是從社會角度看更是如此，個人可以爲信念、爲道德採取一種捨生取義、殺身成仁的態度，而從社會、國家制度來看，卻不能不以保障其社會成員的生命，維護他們正常的生存爲其最優先的考慮。「生生大德」，保存生命確實應當是一個社會制度的首要德性，是社會正義的第一原則。政治社會的發展看來不能逾越生存的原則而先去滿足後面兩個原則。它首先必須穩定，建立秩序，使殺人越貨受到懲罰，使恐懼不致蔓延。任何名義的侵害他人生命、剝奪他人基本需求的事情都不應當允許發生，在保存生命的理由面前，其他所有的理由都要黯然失色。這種對人的生命的尊重，甚至可以說是從根基處溝通了個人道德與社會倫理，它不僅是社會倫理的首要原則，也是個人道德的基本義務。

但是，我們也需要考慮必須特別強調生存原則的一些歷史條件：(1)物質生存資料因天災或戰爭極度匱乏；(2)面臨外敵即將入侵的危險；(3)面臨嚴重內亂即將爆發的危險；(4)或者已處在權力眞空，幾種政治軍事集團正爲問鼎最高權力而激戰。在這些時候，無疑應當毫不猶豫地強調生命保存的價值。但這些情況往往發生在人類社會的早期，或者在歷代權力更迭的那一過度時期之中。我們要看到：儘管生存是優先的基本價值，但它也是起碼的價值。停留於此就意味著人類社會的停滯狀態，甚至沒有眞正把有尊嚴的人與動物的狀態區別開來。「人是高於溫飽的。」如果一個社會只是滿足於保障其成員的生存，那還是一個低水平或低度發展的社會。這大概也是在羅爾斯的正義理論中，生存原則隱而不顯的原因。它已經是不言而喻的，已經包含在自由和平等原則之中。所以，有必要從第一個正義原則——生存原則過度到第二個正義原則——自由原則。

自由是什麼？一個人如果有一種能力，可以按照自己心理的選擇和指導來思想和不思想，來運動或不運動，那麼，這就是自由了。這就是洛克對自由的理解，這種理解是古老的、樸素的、常識性的，然而今天仍不失爲經典的意義。在個人那裏，自由就等於自主，就等於在各種欲望對象、各種可能性之間進行選擇。然而人是處在社會中的，倘若他由於某些外界原因不能自主，受到了束縛，則他就不自由了。離開思想，離開意欲，離開意志，就無所謂自由，而有了思想、有了意欲、有了意志，亦不一定享有自由，是否享有自由這要看社會條件，這就是社會政治的自由觀念的含義。

人類在進入社會之前的自然狀態中擁有一種自然自由，此時，他不受任何人間權力的約束，而只以自然法作爲他的準繩，而一旦進入政治社會之後，他所享有的自由就始終是與法律聯繫在一起的自由，是在法律指導和規定下的自由，所以自由並非攻擊自由者所說的是「隨心所欲」、「爲所欲爲」，而是要以長期有效的規則作爲生活的準繩，這種規則爲社會一切成員所共同遵守，並爲社會所建立的立法機關所制定，人能在法律規則未加規定的一切事情上按照自己的意志行事，而不受另一個人的反覆無常的、出乎意料和武斷的意志的支配。

這樣，我們看到，自由一是受到自身理性的限制，人的自由是以他具有理性爲基礎的。當人幼年理性尚不成熟，就需父母託管，隨著理性成長到一定程度，他才獲得自由，故說「年齡帶來自由」。二是受到自然法的限制，此自然法即道德法、正當法；它不僅在自然狀態中存在，在社會狀態中仍然活躍著，並指導著成文法的制訂。洛克一再強調，自由並非人人愛怎樣就怎樣的那種自由，而是在他所受約束的法律許可範圍內，隨其所欲地處置或安排他的人身、行動、財富和他的全部財產的那種自由，在這個範圍內他不受另一個人的任意意志的支配，而是可以自由地遵循他自己的意志，所以，談到眞實的社會自由就不能不談到法律。從最好地保障自由的角度出發，與其談自由，不如談法律；與其談民主和善政，不如談憲政和法治。

自由可以包括生命的權利，但生命的權利卻不能包括自由。生命的權利在自由中表現不僅有人身自由、人身安全，以及擁有基本的維持生存的生活資料的自由，除此之外，自由還包括良心的自由、信仰的自由、表達的自由，以及政治和經濟方面的自由等。這後面的內容構成社會制度所追求的更高價值目標。而在此之外，或達此目標之後，制度是否還有必要追求進一步的價值呢？在邏輯上出現更高的必須爲社會制度所遵循的正義原則呢？或逕自說，是否還有必要追求平等、實現平等呢？

這裏，我們可能得碰到「平等」概念的多義性和歧義性。我們前面實際上已經談到了「平等」了，作爲原則，都必須具有一種普遍性，這就意味著生存和自由原則要平等地對待所有相關成員。平等可以是一個很廣泛的價值範疇，它甚至可以在廣義上包含前兩個價值範疇。生命價值可以解釋爲國家要平等地把每一個人都當作人看待，同等地對待每一個人的生命，不容許任意戕殺和殘害；也不允許在人之爲人的意義上剝奪他賴以生存的基本生活資料，並且，前一方面比後一方面更爲重要。而自由的價值亦可以在思想信念和政治領域裏解釋爲平等地對待一切人，「每一個人都被看作一個，而不是更多」，用社會制度的眼光來看，沒有哪一個人比別人享有更重的份量，每份自由在權利上都是相等的，雖然在實際使用上會有不同。國家在政治上不偏不倚、平等地對待所有成員，沒有歧視，也沒有偏愛，這就意味著他們享有自由了，因此，思想政治領域裏的自由也是可以用平等來界定的，甚至可以說，正是平等突出地表明了思想和政治自由的眞義，並且由於它能貫穿到人類社會生活的各個主要方面，也便於人們認識這些社會基本價值之間的聯繫，便於人們追溯其根據。總之，在思想與政治領域裏，自由與平等實際上是一回事，它們是統一的，自由與平等衝突的領域主要是發生在社會地位和經濟利益的領域，因此，我們可以改變問題，更確切地提出：在實現了人身、信念和政治權利方面的平等之後，是否還有必要實現社會和經濟利益方面的平等？或者，把這種平等實現到何種程度？

我們以盧梭為例。盧梭的思想是複雜的，他所渴望的平等有時是籠統的、最廣義的，就像我們前面所說的，是那種包括了生存和自由價值的平等。但是，除了思想信念及政治權利的平等之外，盧梭進一步要求社會經濟的平等，他在《論人類不平等的起源和基礎》中說：「使我們一切天然傾向改變並敗壞到這種程度的，乃是社會的精神和由社會而產生的不平等。」他追溯這種不平等的發展：法律和私有財產權的設定是不平等的第一階段；官職的設置是第二階段；而第三階段則是合法的權力變成專制的權力。相應於上述三個階段，則第一階段是窮富即經濟的不平等；第二階段是強弱即政治的不平等；第三階段則是主僕的不平等，是不平等的頂點。最後，反過來，個人出身、血統又決定著和加劇了政治與經濟的不平等，各種不平等最後必然歸到財富上去，都表現為財富不平等。

然而，如果社會能逐步前進到首先剝離開那些由政治、身分因素造成的貧富不均，則在對待剩下的由人的天賦差別和努力程度造成的貧富不齊時，卻不能不持一種謹慎的態度。這裏可能有兩個問題需要人們認真考慮：第一，這種財富和收入的不平等——即在社會消除了其他不平等後仍存留的不平等——是否會重新開始一輪如盧梭所說的惡性循環，即又發展到政治和身分的不平等，甚至變爲赤裸裸的奴隸制；是否還有別的抑制手段？第二，旨在消除這種經濟不平等的理由是否可能來自別處，即不是來自社會基本制度，不是作爲這種制度追求的基本價值，而是作爲另一種重要價值而被相對次要層次的社會政策所調節，被自願結合的社團及個人所追求？但即使回答是肯定的，盧梭的平等渴望仍然有其巨大的意義，就像它曾促使康德擺脫學者的優越感而重視普通人的價值和權利一樣，它也促進了社會擺脫歷史的偏見而對所有人——包括以往被輕視的「默默的大多數」——一視同仁。

我們還可以舉當代著名法哲學家德沃金（Dworkin）爲例。德沃金認爲：政府必須平等關懷它治下的人們——即把他們作爲會受挫折、會有失敗和痛苦的人們；也必須平等尊重它治下的人們——即把他們作爲能理智地、自主地制定和履行他們的生活計畫的人。關懷是對人的弱點而言，尊重是因爲人有理性，具有形成道德人格的能力而言。而所有人都是有弱點的（即都不是超人），而一般人也都是有理性的，這種共性就決定了政府必須同等地關懷和尊重他們。這裏的關鍵字是「平等」。德沃金是以「平等」來整合三個正義原則。在他看來，政府必須平等關懷和尊重它治下的所有人，而不能以某些公民更有價值、應得到更多關懷的理由而不平等地分配機會和產品；它也不能以某些公民的生活計畫更優越的理由而限制另一些人的自由。我們由此看到他理解的平等關懷著重是指社會經濟利益的分配，平等尊重則主要是指政治和思想自由等基本權利。

我們確實可以考慮以一種平等的理念爲中心分出三個正義原則的次序：(1)對生命的平等關懷；(2)對公民自由的平等尊重；(3)對經濟利益的平等分配。在這三個原則中，對生命的平等關懷自然是首位的，而在這種平等關懷中，生命不能被任意剝奪和傷害的權利，又優先於給予基本的生存資料，保證溫飽的權利。其次是對公民自由的平等尊重，在這種平等尊重中，良心及表達的自由至少在現代人看來是優先於參政的自由。這兩種平等要求也可結合起來考慮爲是法治的基本精神和基本要求，即法律至高無上，法律是要求平等對待所有人的法律，在這種法律面前人人平等。在實現上述平等之後，可以考慮經濟利益的平等分配，及這種平等可以達到什麼程度。逾越法治的利益平等分配要求常使人忽視另一種地位理當更優先的平等——即基本權利的平等，而人們在滿足了基本生存需求之後，比起利益均分來，一般理應更重視能給他尊嚴的法治保障下的各種基本權利——它們也表現爲公民權利，且實現這種權利的平等比起實行利益的平等來，無疑有充足得多的道德理由。

令人感到困難的是，基於生命原則的平等分配基本生活資料，與基於狹義的「平等」或者說平均原則的平等分配經濟利益常常混淆不清，這裏需要建立一個比較明確的何爲一個社會的基本像樣的生存資料的標準，但在現代發達的工業文明的基礎上，至少可以在實踐中比較有把握地說，除非在某些特殊的情況下（如巨大的天災人禍），基本生存資料的滿足一般是比較容易達到的，因此，更大經濟利益和更高生活水平方面的平等要求應置於基本權利的平等要求之後，對平等的理解應當首先是公民基本權利的平等，然後才是其他方面的平等。因爲，對人發展的最大障礙和損害還是首先和主要表現在這些方面，並且對基本權利的侵犯還傷及了人格的尊嚴和完整。所以，給所有社會成員以平等的公民待遇，可以說是現代社會正義的優先和基本的要求。

9. 全球倫理

查閱各大國的國歌，我們發現歌詞中多含有對敵人的詛咒。歌詞中發誓要毀滅敵人，而且毫不猶豫地引用上帝的名義並祈求神助以毀滅敵人，我們印度人正努力扭轉這種進程。我們感到統治野蠻世界的法則不應是指導人類的法則。統治野蠻世界的法則有悖人類尊嚴。……我由衷地感到，全世界對於流血已經深惡痛絕。世界正在尋找出路，我敢說，或許印度古國會有幸爲這饑渴的世界找到出路。

甘地《向美國呼籲》

甘地（Gandhi, 1869-1948），印度哲學家、社會思想家，印度獨立運動的領袖。甘地沒有建立什麼精美的思想體系，他的思想可以說是十分簡單和深刻的，這就是眞理、愛和非暴力。他不僅感召和引導著印度人民透過幾十年不屈不撓的非暴力鬥爭和不合作運動，終於贏得了自己國家的獨立，他的精神也給這個暴力充斥的世界帶來了一種希望、一種光明。甘地絕不只是一個國家的締造者，他也是一種偉大精神的創造者。

上一章我們敘述的主要是一個社會、一個國家內部的正義。然而，如果在時、空兩方面展開，則還有代際正義、種際正義與國際正義：代際正義涉及到在代與代之間的資源分配和財富儲存率的問題，涉及到我們是否爲子孫留餘地，這其中許多問題是屬於經濟倫理和環境倫理的問題。種際正義則更直接涉及到人與其他動物、其他生命形式以致整個自然界的關係，這正是今天的環境倫理學或者說生態倫理學探討的主要內容。國際關係中的正義則包括諸如戰爭與和平、全球政治、外交和經濟秩序的合理安排等問題。本書的這最後一章將主要探討國際正義的問題，所以，這一章也可以說是正義問題的延伸，或者說是進入應用倫理學的一個重要領域。

9.1 全球倫理的一個文本

如果我們有一個有關全球倫理的文本，也許可以幫助我們明確分析的界限和防止可能的混淆，而且這個文本最好還經過了廣泛的討論，即已經成爲一個討論和爭議的「話題」，這樣，一些不同的意見，包括反對的意見也就能得到較充分的表達。那麼，一九九三年世界宗教議會通過的〈走向全球倫理宣言〉（以下簡稱〈宣言〉），正好爲我們提供了一個這樣的分析文本。

我們根據〈宣言〉主要起草人漢斯·昆（Hans Küng）的陳述可以判斷出：「全球倫理」謀劃的起因和動力主要是來自宗教，而其主要著眼點或者說籲請對象則是民族國家，是首先面對世界上民族國家之間的衝突、戰爭所造成的危機和災難，以及作爲當今世界上最有力量的組織的民族國家卻並沒有充分擔負起自己對世界的責任，發揮自己的作用，去爭取和平共存和合作發展的現狀。這其中，當然政治領導人負有首要的責任，但它也是每一個人的責任。

換言之，〈宣言〉所針對的主要是世界上那些最嚴重的危機和災難——它們多是由民族國家的衝突造成的，最突出地表現爲二十世紀那些大規模殺戮的戰爭。它所訴求的主要對象是生活在各個民族國家中的人們，而尤其是政治領導人，它所希望建立的「全球倫理」也首先和主要是指各個國家之間應當遵循的倫理準則；然而，它又希望各個宗教的信仰者們首先行動起來，不僅致力於緩和與消弭各宗教間的衝突，更努力去爭取全世界各民族之間的和平共存。「沒有各宗教間的和平，便沒有各民族間的和平」，這就是漢斯·昆及其同伴的初衷。而「全球倫理」這一籲請最初並不是出自首當其衝的各國政治家，而是出自精神宗教的信仰者看來並不奇怪。一個哪怕是著眼於最低限度倫理謀劃的起始和發展，也常常需要一種最高精神的發願和支持。

然而，正如漢斯·昆所言，一種全球倫理不僅僅關涉到各種宗教和各個國家之間的具體問題和嚴重危機，受到挑戰的，還有這個時代的社會整體及其流行的價值體系。德國《時代》周刊的編輯特奧·索美爾批評說，這個時代過分地張揚了自我實現和個性自由，過分地縱容了後現代的任意態度，以至於「一切都無所謂，一切都可以做」了，以至於所有的標準都正在危險地被消解。在一個兩歲兒童被兩個十歲兒童謀殺後，《明鏡》雜誌在其大標題中驚呼某種社會取向的危機：「最年輕的一代人必須應付一種價值取向的混亂，這種混亂的程度很難加以評估。這一代人很難確認對與錯、善與惡的清楚標準。」這樣一種價值取向上的相對主義危機，一種認爲共識已普遍喪失並且已不再可能的觀點，一種對美德、尊嚴和高雅風格的戲謔態度，正在不知不覺中向所有人——即便是知識分子也不例外——的思想意識中滲透，它意味著我們可能對身邊的事情越來越淡漠，並且越來越傾向於懸擱重要的問題而不再願意去譴責什麼和表揚什麼。這種危機的影響容易被忽略然而卻又是更爲深遠和更爲根本的，它也許比所有發生過的和發生著的戰爭都更能威脅我們社會的穩定與和諧。因此，它也許是「全球倫理」謀劃的更爲深刻的動因。

另一方面，從發展的角度看，世界進入「現代」的過程使世界更緊密地連在一起，形成爲一個彼此距離日益接近和相互影響日趨增大的「地球村」。任何一個民族國家都不可能再孤立地發展了。任何一種國家行爲甚至個人行爲都要在相當程度上影響到其他國家和個人。世界各國的政治、經濟、技術的「全球化」於是也呼籲著明確建立起某種全人類的共識，呼籲著建立某種具有普遍性的全球倫理。

然而，到哪裏去尋找這種普遍共識呢？在何處可以找到各民族、各宗教的某些最基本的共同之處，以作爲它們首先共存，進而合作的起點呢？能在各宗教或各個人的終極信仰或價值追求中尋找嗎？然而恰恰在這裏，我們要遇到幾乎無法消解的歧異和矛盾。或者在所有國家或個人的共同利益中尋找嗎？然而利益除了有互利的一面，總是還有相衝突的一面。

漢斯·昆敘述自己準備〈宣言〉文本的過程是耐人深省的，也是合乎尋求共識的一種思想邏輯的。他從謀求各宗教與各民族的和平開始，認識到首先要找到「新的倫理上的共識」，一九九〇年他出版了《全球責任》一書，在世界宗教和全球經濟的背景上對世界倫理的需要進行廣泛的探討，並考慮如何使一種世界性倫理落到實處，他也拒絕了以別人起初建議的較含混的「全球價值」來擬定〈宣言〉，而是明確地定名爲「走向全球倫理宣言」。但在〈宣言〉的文本中，究竟是以強調「各種古典的美德」爲指針，還是專注於現代社會提出的「各種應用問題」，抑或尋找到一些古老而又具有現實意義的「原則規範」，他開始也還是心存疑慮。最後，他說他在長期的思考及廣泛的交流過程中逐步獲得了三點基本的見解：

這三點基本見解是：(1)這種世界性倫理必須區別於任何政治、法律理論觀點以及意識形態、精神信仰或形上學理論；(2)它的兩條基本原則是：一條是以肯定形式闡述的「每一個人都應當得到人道的對待」（或曰「人其人」）；另一條是以否定形式闡述的「己所不欲，勿施於人」；(3)四條簡單明瞭的行爲規範則是「不可殺人，不可偷竊，不可撒謊，不可姦淫」。

這些就構成了「全球倫理」的主要內容。漢斯·昆在其中反覆說明的兩點是：第一，它們是各宗教（也是各文明、各民族）已經具有的「共同之處」，所以，〈宣言〉實際上只是「重申」，只是更明確地再一次「展示」這些原則規範，它們是古已有之，然而又深具現代背景。第二，〈宣言〉及其說明中多次提到「全球倫理」所要闡明和要求的只是一種「最低限度的」倫理，只是一種「最低限度的基本共識」，是一些「不可或缺的」或「不可取消的」基本標準，說目前暫不能達成共識的不被包括在內。也就是說，我們理解「全球倫理」基本上還是一種「最少主義的倫理」（the minimalist ethic），或者說是一種「底線倫理」，之所以說「基本上」，是因爲〈宣言〉還表述了一些較積極的、具有明顯現代意義甚至西方色彩的推論，對這些「推論」的某些具體內容還可質疑，或者說，其中還有些含混之處，另外，也可以考慮有更切合不同文明、民族的要求和表述。

9.2 全球倫理能否普遍化？

全球倫理的基本原則規範是否能普遍化？回答這個問題也是對它的一個論證。我們可以考慮康德的「可普遍化原理」：你應當如此行動或行爲，使你的意志所遵循的準則永遠同時能夠成爲一條普遍的立法原理。那麼，「可普遍化原理」到底如何產生作用？它是否除了是驗證道德規範的必要條件，是否還是其充分條件？在這裏，我們在接受它作爲一個必要的條件時又得承認它的限度：即承認它不可能做爲一個充分條件產生作用。這一原理並不是說「凡能普遍化的準則都是道德原則」，而是說「凡不能普遍化的準則都不適合作爲道德原則」。它的主要作用是用作排除而非構建，然而，這也正是它的力量所在。另外，最基本的一些道德規範都是作爲禁令提出來的，而這些以「不可……」、「勿……」的形式提出來的禁令，還可以透過「可普遍化原理」對其對立命題或者說逆命題的否定，透過這些逆命題的無法普遍化，而得到另一種形式的證明。

現在我們再來看「全球倫理」所提出的道德原則和規範：兩項基本的要求（或者說原則）是「人其人」和「己所不欲，勿施於人」。四條規則是：堅持一種非暴力與尊重生命的文化——「不可殺人」；堅持一種團結的文化和公正的經濟秩序——「不可盜竊」；堅持一種寬容的文化和一種誠信的生活

——「不可撒謊」；堅持一種男女之間權利平等與夥伴關係的文化——「不可姦淫」。

我們更願意採用以否定形式（即「己所不欲，勿施於人」與「四不可」）來表述它們，因爲這樣較爲明確固定，不容易被曲解，也更有可能得到論證和形成共識。作爲一種「最低限度的倫理」，它不能包括太多的內容，而應當主要由那較少的、但對人類和社會卻是最爲生死攸關的規範構成。

上述以否定形式表達出的原則規範看來正是這樣一些對人類社會最重要和生死攸關的規範，它提出的要求是最基本和最起碼的。我們不必做出太多的正面引申和推論，不能期望「全球倫理」解決所有的「全球問題」，更毋論所有涉及人的問題，它只能集中於諸如戰爭、饑饉和那些最嚴重的淩辱、壓制、欺騙、虐待等問題，爭取在有助於解決這些問題的基本規則上達成共識，從而使性質上能夠普遍化的道德規範，也在實踐生活中能較廣泛地爲人們所履行。「全球倫理」主要是爲了防止最壞的情況發生，而坦率地說，其中最壞的一種情況就是大量剝奪人的生命的戰爭，它並不是要去爭取實現理想主義的世界大同。用漢斯·昆的話說，有關全球倫理的宣言首先應當不是任何政治宣言；其次，它也不應是獨斷的道德說教；最後，它也絕對應當避免成爲任何狂熱的宗教宣言。

因此，我們應較嚴格地規定這些規範的內容，並試著建立這些規範與原則之間的關係。「不可殺人」要求尊重生命，但它還無法把其他生命與人的生命等量齊觀，無法把「不可殺生」作爲不可取消的要求提出；但此處的「殺」應當是廣義的，包括對人的身體的打擊、傷害、監禁，不予衣食等必需品等，也應包括對人格的直接淩辱、虐待等行爲。而「不可盜竊」自然不僅指個人隱蔽的盜竊，更包括公然的搶劫，以及大規模的對個人財產的無端剝奪，沒收和重新分配。而「不可說謊」中的「說謊」則看來應一方面縮小範圍，不把那些瑣碎的、逗樂的、關係不大的說謊包括在內；另一方面又擴大範圍，把那些掌握著輿論工具和資訊來源，卻在一些更大的問題上有意封鎖資訊，或只提供片面資訊，有意誤導人們的行為包括在內。「不可姦淫」在這些規範中似乎是最具私人性的一種，在現代社會中它看來主要是針對那些強制和誘騙的性關係，尤其是對未成年人。

而在所有上述規範中，特別需要針對的與其說是以個人名義，不如說是以集體名義犯下的這類罪行。以上行為凡屬個人所犯，必然都要遭到刑法的懲罰，但若以群體名義做出，不僅群眾常常可以開脫，其領袖甚至反受到讚譽和崇拜。為什麼以群體的名義就能犯下若個人所為將必然受罰，個人也將盡力隱瞞的罪行？為什麼個人心底裏清楚此屬罪行，甚至也為之羞愧、不安的行為，群體做起來卻理直氣壯？因為群體常常為此提出了一套振振有辭的「理由」或「理論」。實在說來，在上述所有四個方面，至少從二十世紀來看，造成人類最多不幸的還不是社會中那些個別的刑事罪犯，而是那些大規模的「集體犯罪」——諸如在民族和階級之間掀起的戰爭、動亂、人為製造的饑荒、種族滅絕、驅逐、清洗、「淨化運動」、集中營、大規模的沒收、剝奪乃至於對被剝奪者的人身消滅、子孫禁錮、以出身定終生、意識形態的專制、宗教的迫害、操縱輿論者的大規模欺騙等等。所以，我們說，這些「四不可」規範的對象主要是群體而非個人，尤其是政治性的群體，是民族國家，尤其是那種「全權主義」的國家。

「己所不欲，勿施於人」則可視為「四不可」的一個較為抽象、一般的概括。這裏的「不欲」是指一些「基本的不欲」——即一些可以普遍化的不欲。被殺、被關、被打、被盜、被搶、被欺騙以及在兩性關係中遭到強制性的淩辱，自然都屬於這些「基本的不欲」。「己所不欲，勿施於人」的明確含義也就是，由於我不願意這些行為發生在我身上，我也不能對別人做這些事。「四不可」實際可看作是「己所不欲，勿施於人」的具體展開，沒有它們，「己所不欲，勿施於人」就是空洞的，甚至可能被曲解；而「己所不欲，勿施於人」也是「四不可」的一個一般概括，「己所不欲，勿施於人」的另一種表述實際上就是「不可強制」，即「不可違背其本人意願而對他做某些事」、「不可侵犯他人」，因為，「不可殺人」與「不要姦淫」就是說不能強制和侵犯他人的身體，「不可盜竊」、「不可撒謊」就是說不能強制和侵犯他人的財產或控制他人的意圖和信念，哪怕是使用隱蔽和間接的手段。

「己所不欲，勿施於人」離「普遍化原理」實際上僅有一步之遙，亦即在它那裏，還有「己」、「人」等主體的稱謂，如果將其主語換成「所有人」來表述，那就是「普遍化原理」了，而由於「己所不欲，勿施於人」是把他人置於和自己同等的地位，這一轉換並無困難。這樣，「四不可」既可作為義務規範分別地予以證明，也可以一起作為一個像「己所不欲，勿施於人」這樣一個更抽象的義務原則綜合地予以證明。「己所不欲，勿施於人」意味著：即使主體與對象互換，行為的準則也應當是保持一致。而「可普遍化原理」也就是「主體互換」，或者說，是將個人行為準則中作為主體的「我」，置換成普遍行為規範中作為主體的「每一個人」、「所有人」，從而以此來檢驗這一準則是否真的可以成為普遍規範，這裏說的是個人，但這一主體並不因它是個體還是群體而有什麼變化，群體的利己主義要比個人的利己主義更為可怕。如果個人的利己主義無法普遍化，民族的利己主義也同樣無法普遍化。實際上民族利己主義只能對己而不能對人，它無法普遍提倡，若普遍提倡且堅決實行，人類就將永無寧日。

只有能夠透過這種「可普遍化原理」檢驗的規範才是符合道德規範的，所有的道德規範都必須是普遍規範，那些明顯不能成為普遍規範的個人準則不能歸入道德規範。所以，「四不可」與「己所不欲，勿施於人」的這種聯繫，前者被後者所包括，實際上也就從「己所不欲，勿施於人」原則與「可普遍化原理」的相通得到了一個證明。「己所不欲，勿施於人」不僅是能夠普遍化的，它甚至就可以說是「可普遍化原理」在另一層次上——實踐而非證明的層次上的一種面對面的祈使句式的表述。它是把自己與其他所有人都置於一個平等的地位之上，而「可普遍化原理」的核心精神實際上也就是：第一，只有所有人都遵循的行為準則才真正稱得上是行為法則、規律、規範，規範必須具有一種一致性；第二，所有人的道德地位都是平等的。一個人的行為準則因其在類似情況下的一致性才可稱為「準則」，同樣，一個人（尤其是現代社會中的人）不能說他在某種情況下採取的行為準則，別人卻不能在類似的情況下採用，否則，就要陷入某種自相矛盾，這就等於說類似的人在類似的情況下所履行的某一行為既是正當的（對他自己而言），同時又是錯誤的（對所有別人而言）。

我們也可以分別地來論證「四不可」這四條行為規範。從它們本身來說，它們都是作為禁令出現，它們都沒有提出什麼特別難於做到的、非常積極和正面的要求。它們在普遍化上不會遇到什麼障礙，不會構成什麼邏輯上不可設想的矛盾。而且，重要的還在於：作爲禁令，它們所禁止的行爲或行爲準則（或者說它們的逆命題）恰恰都是絕不可能被普遍化的。有關說謊、許假諾言的行爲準則不可能被普遍化已如前述，所有人都可「殺人」、「盜竊」、「姦淫」之行爲準則不可能被普遍化也是很明顯的。因爲，即便此類準則不成爲一個普遍義務，而只是一個普遍許可，也可能很快就會像「無諾可許」、「無人可騙」一樣，世界上就會「無人可殺」、「無人可淫」、「無物可竊」，從而也就無所謂「殺人」、「強姦」和「盜竊」了。它們就將自己取消自己，自己將自己挫敗。而「四不可」的規範實際上只是作爲這些絕不可能普遍化的準則的否定和排除存在，這時候它們也就成了一種普遍義務——當（且僅當）行爲者不可能希望它的對立物成爲普遍法則的時候。

以上只是一種形式的、邏輯的論證，如果眞的要使全球倫理的基本規範在全球秩序的構建中具有普遍效力，那麼，一種長期的和平對話、討論，也包括爭論的過程是必不可少的——而這種「要和平對話而不要戰爭」也正是全球倫理的一個基本要求。無論如何，即便一種全球倫理在理論邏輯上是可能的，各民族的宗教或倫理傳統也還是要經過一個獨立發展、相互交流、平等對話的漫長過程，然後才有望達成某種共識。因爲，一切眞正有效的、有生命力的、眞實的共識都要以多元的各文化充分而健康地發展爲前提；而一旦形成了某種全球倫理，各個倫理傳統理解它、支持它、闡釋它和敘述它的方式也肯定還是有不同，甚至必須是不同的：每個傳統首先應該保持自己個性化的理解方式，然後才能對這種全球倫理作出貢獻，同時也才能自然地把這種全球倫理納入自己的文化中，從而避免普遍共識與多元文化之間的緊張以及各文明之間的衝突。

9.3 持久和平如何可能？

戰爭與和平的問題是國際正義的一個基本問題。人類會遇到種種的災難，但殺人的最大惡魔還是人類自己發動的戰爭。古希臘著名而多產的逍遙學派學者狄凱阿科斯在他的《論人們死亡的方式》一書研究了這個問題。起初，他把所有非人為的死亡原因匯集在一起，如火災、瘟疫、自然災害和野獸的突然吞噬，他使我們確信這些東西曾一度血洗了所有的民族，接著，他開始將被人的行動（即被戰爭和革命）所毀掉的人的數目與之進行比較，他得出結論說，由於人為原因而死亡的人數大大超過了其他各種災害而造成的犧牲者之總和。而且，戰爭在道德上對人類的影響，常常就像一句古希臘格言所說的那樣：「戰爭之為害，就在於它製造的壞人比它所消除的壞人更多。」

所以，我們珍惜生命，反對戰爭，渴望世界和平。在中國的南京——在這個二十世紀發生過一次大屠殺的地方，有一位小學教師張丹，在二十多年前一次偶然的機會聽說頭髮歷經數千年不會腐爛，於是決定每天拔一根頭髮，她積了二十三年，用頭髮在千禧年製成一隻和平鴿郵寄給聯合國，表達了一個中國女性渴望世界和平的美好願望。

渴望和平、渴望這世界上不再有戰爭，這是千千萬萬普通而善良的人們的衷心願望，然而，戰爭卻還是一次次不斷發生。對人類來說，永久和平或至少持久的和平是否有可能？或者說，對於剛剛跨入二十一世紀的人們來說，一個世紀的和平、一個世紀不再發生大規模的戰爭是否有可能？持久和平需要一些什麼樣的條件？我們這裏想回顧一下康德在十八世紀末葉一系列文章中有關人類未來和平條件和改善的可能性論述，尤其是一七九五年寫的《永久和平論》。

康德認為：國與國之間要達致永久和平，必須遵守以下一些先決條款：(1)「凡締結和平條約而其中秘密保留有導致未來戰爭的內容的，均不得視為眞正有效。」這是吸取了歷史教訓而提出來的條款，然而，在後來的兩個世紀中，人類還常常繼續進行這樣的留下後患、開啓戰端的秘密外交，這種保留有導致未來戰爭的內容的秘密外交，也是導致兩次世界大戰的一個重要原因。(2)「沒有一個自身獨立的國家（無論大小，在這裏都一樣）可以由於繼承、交換、購買或贈送而被另一個國家所取得。」亦即互相尊重各自的獨立、主權和領土完整。(3)「常備軍應該逐漸地全部加以廢除。」即開啓裁軍的過程。(4)「任何國債均不得著眼於國家的對外爭端加以制訂。」這是從經濟上約束戰爭。(5)「任何國家均不得以武力干涉其他國家的體制和政權。」這是指互不干涉內政。(6)「任何國家在與其他國家作戰時，均不得容許在未來和平中將使雙方的互相信任成為不可能的那類敵對行動：例如，其中包括派遣暗殺者、放毒者、破壞降約以及在交戰國中教唆叛國投敵等等。」擴大開來，這是指遵守戰爭本身的一些基本的道德規則，就像「盜亦有道」一樣，戰爭也還是應當有一些自身的起碼的人道規則或使相互保持一種最起碼的相互信任和尊重的規則，例如「兩國交兵，不斬來使」、「不殺降卒」、「不殺害敵對國的無辜平民」等等。

康德說：儘管上述的法則在客觀上，也就是說在當權者的意圖中，純屬禁令性的法律；然而其中有一些卻是嚴格的、不問任何情況一律有效的，是迫切必須立即實施的（例如第1，5，6各條款）。但是另外的一些（第2，3，4各條款）雖也不能作爲權利規律的例外，但就它們的執行而論，則由於情況不同而在主觀上權限便較寬，並且包括容許推延它們的實現，而又不致忽略了目的。

康德在重提這個問題——「人類是否在不斷地朝著改善前進」時也談到消除戰爭的過程是首先一步一步使之人道化，接著是逐步地稀少起來，終至於完全消滅。以使人類進入一種奠定在眞正的權利原則基礎上的不斷改善的體制。

至於走向各國之間永久和平的正式條款，康德認爲第一條是：每個國家的公民體制都應該是共和制。亦即永久和平不僅是一個國際問題，也還是一個國內問題。國際正義有賴於國內正義。

康德在這裏所說的「共和制」還不同於「民主制」。後者是根據「誰在統治」來區分的：即統治的人是一個人（君主制）、少數人（貴族制）還是多數人（民主制）。而前者則是根據「怎樣統治」來區分的：即這種政治統治是立憲的還是非立憲的，法治的還是非法治的，共和的還是專制的。在康德看來，共和主義乃是行政權力（政府）與立法權力相分離的國家原則；專制主義則是國家獨斷地實行它爲其自身所制訂的法律的那種國家原則，因而也就是公眾的意志只是被統治者作爲自己私人的意志來加以處理的那種國家原則。所以康德這裏所說的共和主義實質上就是立憲、法治、限權和分權，至於它是不是採取君主制的統治形式倒不是很重要。

康德認爲，建立起一個立基於權利原則的普遍法治的公民社會，這也是大自然迫使人類去加以解決的最大問題。只有在這樣一個社會裏，只有在一個具有最高度的自由，因之它的成員之間也就具有徹底的對抗性，但同時這種自由的界限卻又具有最精確的規定和保證，從而這一自由便可以與別人的自由共存共處的社會裏，大自然的最高目標——亦即她那全部秉賦的發展——才能在人類的身上得到實現。大自然給予人類的最高任務就是外界法律之下的自由與不可抗拒的權力這兩者能以最大可能的限度相結合在一起的一個社會，那也就是一個完全正義的公民憲法。人類的歷史大體上可以看作是大自然的一項隱蔽計畫的實現，爲的是要奠定一種對內的、並且爲此的目的同時也就是對外的完美的國家憲法，作爲大自然得以在人類的身上充分發展其全部秉賦的唯一狀態。康德有時也把這叫做「天意」。

永久和平的第二項正式條款是：國際權利應該以自由國家的聯盟制度爲基礎。即首先需要一個國家有一種根據純粹權利原則而建立起來的內部體制，然後還需要這個國家和其他各個遠近鄰國聯合起來合法地調解他們的爭端的體制。這會是一種各民族的聯盟，但卻不必是一個多民族的國家。這些自由國家聯合的基礎就在於它們都是尊重權利的自由國家，都是實施共和體制。

永久和平第三項正式條款是：世界公民權利將限於以普遍的友好爲其條件。這裏正如前面的條款一樣，並不是一個仁愛的問題，而是一個權利問題。康德在此嚴厲批評了西方早期殖民者在美洲、非洲等地對異族的不友好態度，他們把土著居民視作無物，而在亞洲，他們也同樣是壓迫當地居民。康德那時也已經意識到一種全球化的趨勢，並表現出那個世紀特有的樂觀情緒，他說：「既然大地上各個民族之間（或廣或狹）普遍已占上風的共同性現在已經到了這樣的地步，以致在地球上的一個地方侵犯權利就會在所有的地方都被感覺到；所以世界公民權利的觀念就不是什麼幻想的或誇誕的權利表現方式，而是爲公開的一般人類權利、並且也是爲永久和平而對國家權利與國際權利的不成文法典所作的一項必要的補充。唯有在這種條件之下，我們才可以自詡爲在不斷地趨近於永久和平。」這裏已經不僅僅是一國公民的權利，而且是作爲世界公民的權利，是公開的一般的人類權利或者說作爲超感世界的一員的權利，只有這種權利得到普遍的保障，我們才可說是在趨近永久的和平。

康德說，唯有共和的體制才是完美地符合人類權利的體制，但這也是難於創立而且難於維持的體制。但他看來相信有一種自然的傾向或者說天意使人類能夠向這個方向邁進。大自然的機制甚至可以就透過人們互相對抗著的自私傾向，而爲權利的規定掃清道路，從而在國家本身力所能及的範圍內促進並保障內部以及外部的和平。還有與戰爭無法共處、相互敵對的商業精神也會產生作用，康德認爲這種商業精神遲早會支配每一個民族。

這無異於說，各個國家將看到，在戰場上得不到的東西，將可以透過市場來得到，而且這種得到還不是一方得到全部的得到，不是僅僅一方得利而另一方受損的得到，而很可能是一種互惠或者說雙贏的得到。

但是，和平並不能依賴於這種自然的過程，更不能只是指望人們對自己利益的追求和維護。康德還特別談到道德理性的作用，以及應當是這種理性的優先承擔者的哲學家的首創作用。哲學家應當努力去探討使和平可能的條件和原則，而且，「哲學家有關公共和平可能性的條件的那些準則，應該被準備進行戰爭的國家引爲忠告」。這就等於說：國家要允許他們自由地和公開地談論進行戰爭和調解和平的普遍準則。這裏的意思並不是說國家必須讓哲學家像法學家那樣按其原則來進行裁決；而只是說應該讓他們說話，而且人們應該傾聽他們。康德說，不能期望「國王哲學化」或者說「哲學家成爲國王」，因爲掌握權力不可避免地會敗壞理性的自由判斷。但是，無論國王還是人民，都不應該使這類哲學家消失或者緘默，而是應該讓他們公開講話；這對於照亮他們雙方的事業都是不可或缺的，而且因爲這類哲學家按其本性不會也不應進行陰謀詭計和結黨營私，所以也就不會有誹謗和顛覆的嫌疑。

康德當時認爲人類走向改善的轉折點已經在望，然而，隨後的兩百年人們卻依然目睹了許多戰爭——目睹了許多前人難以想像的、遠比以前殘酷和血腥的戰爭。就像一句名言所說：最大的歷史教訓就是人們看來簡直就沒有從歷史中學到什麼東西。以致我們今天仍然時有康德目睹他以前的人類歷史時的同樣感覺：「當我們看到人類在世界的大舞臺上表現出來的所作所爲，我們就無法抑制自己的某種厭惡之情；而且，儘管在個別人的身上隨處都閃爍著智慧，就其全體而論，一切卻歸根到底都是愚蠢、幼稚的虛榮、甚至還往往是由幼稚的罪惡和毀滅欲望所交織成的；從而我們始終也弄不明白，對於我們這個如此之以優越而自詡的物種，我們自己究竟應該形成什麼樣的一種概念。」

而在康德的時代，戰爭的規模還不大，還相對局限在軍人之間，所以，康德還敢說歐洲連綿不斷的戰爭，至低限度也是永不休止的戰爭危險在客觀上還是有某種意義：雙方民族因此至少可以在內部享受到自由的無價之寶。戰爭的危險迄今也還是唯一能夠約制專制主義的東西。這是由於現在一個國家若要成爲強國，就需要有財富，但沒有自由就不會出現任何可能創造財富的活動。一個貧窮的民族要在這方面大舉從事，就必須得到共同體的支持，而這又唯有當人們在其中感到自由的時候才有可能。但是，今天在戰爭的武器變得無比犀利、戰爭動輒成爲總體的、全面的戰爭，把所有人（包括無辜的平民）捲進去的時候，當戰爭造成巨大的、難於恢復的破壞、甚至不會再有勝利者，而很可能走向同歸於盡的時候，戰爭的這一點殘存的客觀意義也早已喪失了。

但是，我們並不願失去信心，我們願意重溫過去的智慧，願意重提這一艱難的話題：如何防止戰爭，保障持久的和平。而對於戰爭的一個根本性約束，當然是越來越多的個人、團體機構乃至民族國家能凝聚起對一些最基本的倫理原則規範的全球共識。

所以說，有關「全球倫理」的討論是一個世紀末的話題，也是一個新世紀的話題，它既表達了對已經過去的舊世紀的反思，也表達了對剛剛開始的新世紀的希望。雖然它並沒有在知識界、更沒有在普通的民間社會中引起廣泛、持久而熱烈的反響，也還沒有獲得過重大的實質性行動成果。但它確實保有一種活力，不斷地被重新提出，因爲刺激它一再出現的問題還遠沒有消失，甚至比以前更加劇了。

所以，不管圍繞這一話題所進行的那些活動和努力的最後結果怎樣，也不管是不是還有許多人質疑它的可行性和是否具有「烏托邦」色彩，由於它背後的問題總是存在著，由於它總是在以各種形式提請人們注意全世界人所共同面對的一些處境，從而刺激人們尋求透過共同的努力來解決問題，這本身就在無形中影響著我們思考問題的方式，無形中塑造著我們的全球性視角。並且，它所籲請的是和平而不是暴力，是珍愛而不是毀滅生命，是對話、交流與合作而不是封閉、敵對與鬥爭，正是這樣一些主題是值得人們反覆講的，以提醒容易失去記憶的我們。

全球倫理不是一種學究式的深奧理論，相反，它力求透過最平實的語言向最廣泛的民眾傳達一種信念：我們是相互依存的，因而我們每一個人的發展都有賴於他人和整體；我們對於自己所作的一切都負有不可推卸的個人責任，因而我們要慎重地抉擇和行動；我們應當敬重生命的尊嚴，敬重文化和生活的獨特性與多樣性，以使每一個人都毫無例外地得到符合人性的對待；我們必須拒絕暴力和傷害，而彼此敞開心懷，在和平的交流中消弭我們之間的種種狹隘分歧，團結一致地去解決共同面對的問題。同時，只有當這種信念滲透到普通百姓的日常生活中時，它才會獲得最強有力也最持久的支持。也就是說，除非我們在個人的和公共的生活中達到一種意識和行動上的轉變，否則世界就不可能變得更好。

無論如何，二十世紀兩次世界大戰的慘烈後果還是使後來的人們有所約束。二十世紀前半葉的重要戰爭差不多都是總體的、全面的、不宣而戰的，中間沒有任何妥協的，而二十世紀後半葉至少沒有發生世界大戰，在後十年中，一些局部的戰爭相對來說也已變得有所克制，一般都是預先警告，先禮後兵，目標有限，並且戰爭進行時仍不關上談判的大門，中間也容有妥協。雖然戰爭仍然是戰爭，仍然無法免除自己殘害生命的責任，但這畢竟是一點進步，但願人類在新的世紀裏能保持和擴大這一進步的趨勢。

那麼，我們訴諸一種全球倫理，就是爲了更好地相互理解，爲了在全球性背景下共同尋求一種有益於社會的、有助於和平的、對地球友好的人類的生活方式。

我們祈望和平：不僅國內的和平，而且國際的和平，不僅暫時的和平，而且持久的和平。

而和平的希望也就寓於我們的行動之中，開始於對和平的發願之中。願我們每一個人都爲此而努力。

倫理學概念簡釋

1.altruism　利他主義：這一術語由孔德引入倫理學，它指的是對他人的無私心或仁慈的關心，即因他人的緣故，而不是作爲一種增進自己利益的方式來促進他人的福利，它是與力圖把道德歸結爲自我利益的利己主義相對的。

2.amoralism　非道德主義：一般而言指的是這樣一種態度：忽視或拒絕那些道德支配人類生活的方式，並懷疑倫理生活的必要性。

3.analytic ethics　分析倫理學：這一術語指涉對於道德概念的分析，但它作爲一種獨特的方法，開始於C. E. Moore的《倫理學原理》（1903），隨後分析倫理學發展成爲對道德判斷、道德判斷的類型和它們的功能的語言分析。

4.applied ethics　應用倫理學：也稱「實踐倫理學」。即研究怎樣應用倫理原則、規則、理由去分析和處理產生於實踐和社會領域裏的道德問題。

5.*arête*　德性：「德性」（virtue）和「卓越」（excellence）的希臘詞。

6.axiology　價值論：對於價值和評價的一般性研究。包括對價值的意義、特性和分類，評價和價值判斷的特徵等。在傳統上，價值論的問題屬於一般倫理學的研究，但從上個世紀以來發展成爲一個專門的分支。

7.casuistry　決疑法：這是對於那種一般道德原則不能直接應用於其上的個別道德案例的一種研究，旨在決定它們是否能被放進一般規則的範圍。

8.categorical imperative　絕對命令：根據康德的觀點，絕對命令乃是我們的行爲原則或公理的選擇上的基本的和絕對的形式要求。

9.cognitivism　認知主義：指這樣一些倫理理論，它們認爲，存在關於道德事實的知識，並且規範的倫理判斷可以說是或眞或假的，認知主義包括了大多數傳統的倫理學理論。

10.common good　共同善：一個共同體公共的和共享的利益，如和平、秩序、安全等。

11.common sense morality　常識道德：爲普通人所持有的前理論的道德信念。

12.community　共同體：在倫理學中，共同體不是那種爲了某個特殊目的而按照規則組織起來的團體，相反，它乃是其成員們透過相互合作和互惠互利而聯合起來的社會背景。

13.consequentialism　結果論：認爲一個行爲的價值完全由它的結果所決定，因而提出倫理生活應當是前瞻性的，即關心把行爲結果的善加至最大和把壞的後果減至最小。功利主義和實用主義是效果論的重要代表。

14.contractarianism　契約主義：以社會契約理論爲基礎的一種對倫理學的探索。它有兩種形式：霍布斯式的契約主義和康德式的契約主義。霍布斯認爲道德來自於爲了相互有益的合作的必要約束。康德式的契約主義也稱爲「契約論」，強調人的道德地位是天然平等的。

15.conventionalism　約定論：這個論點認爲，是人類的約定而不是獨立的實在或必然性，塑造了我們關於這個世界、科學理論、倫理原則及其類似東西的基本概念。在道德哲學中，約定論是指這樣的觀念：道德規則起因於社會的約定。

16.deontology 義務論：是一種以根據義務和責任而行動為基礎的倫理學。它把義務或職責看作是中心概念，與目的論或效果論的倫理學相對立。

17.descriptive ethics 描述的倫理學：它是對道德規範和相伴隨的一個人或一群人的道德觀念所作的調查。該理論認為，對道德觀點的描述是人們在特定時間和特定的共同體內所持的道德原則。

18.divine command theory 神聖命令理論：在倫理學上，這種立場宣稱，行為的正當或錯誤依賴於它是否符合神的命令。

19.duty 義務：義務作為倫理概念可追溯到斯多亞派，而在康德的倫理學中成為道德的中心概念。對於康德來說，義務即「應當做的事」，即對行為的強制性約束。

20.egoism, ethical 倫理利己主義：也稱「規範利己主義」或「理性利己主義」，一種認為對自己的某種欲望的滿足應是自我行動的必要而又充分條件的倫理觀點。

21.emotivism 情感主義：也稱為「倫理學的情感理論」。它認為，所有的評價判斷，尤其是所有的道德判斷，就它們在特性上是道德的或評價性的而言，僅僅是偏愛的表達，態度或情感的表達。

22.ethical individualism 倫理個人主義：這種觀點認為，只有個體的人才是道德謂詞和價值的主體，是道德考慮的中心所在。根據這種觀點，道德評價的選擇取決於個人，個人應是道德的終極性權威和裁定者。

23.ethical knowledge 倫理知識：也稱「道德知識」，道德規定能從關於道德眞理或原則的知識中得到，可是否有這樣一種知識卻是有爭議的問題。相對主義、懷疑主義和虛無主義透過否定有可知的道德事實或道德眞理而否定道德知識的存在，而另一些哲學家則認爲普遍的道德規範能從理性或直覺中引申出來。

24.ethical objectivism　倫理客觀主義：與「倫理主觀主義」、「倫理懷疑主義」和「倫理相對主義」相對立。認爲倫理判斷不是有關主體的，或者不僅僅是有關主體的，並且認爲至少某些倫理判斷涉及到事實，能夠得到合理論證。它們的眞假獨立於諸如感情、欲望、態度、信念等主觀的東西。

25.ethical rationalism　倫理理性主義：一個用來描述康德的道德理論及其主張的術語。這種主張認爲，道德判斷是純粹理性的，與感情和性格發展無關。

26.ethical relativism　倫理相對主義：這一理論認爲，倫理術語和倫理原則是相對於文化、社會甚至個人的，關於同一個問題有不同的倫理判斷，沒有決定性的推理方法能夠裁決這些衝突性的判斷。因此，沒有客觀的倫理眞理。

27.ethical subjectivism　倫理主觀主義：相對於倫理客觀主義。它認爲，倫理判斷是關於主體對某物的感情，而不是關於獨立的道德事實的。沒有獨立於我們感情的道德眞理。

28.ethical virtue　倫理的德性：亞里士多德認爲，這一類德性屬於靈魂的那一自身不是理性、但卻能服從理性的部分。與此相對的是「理智的德性」。倫理德性涉及到感情和行爲。它是一種固定的品格傾向，自願經常地作爲社會所敬重的事情，它的獲得是透過不斷的實踐而養成某種行爲習慣。

29.ethics, intuitionistic　直覺主義倫理學：是一種客觀主義倫理學，主要提倡者包括西季維克、摩爾、羅斯等。就其一般意義而言，這是一種涉及到道德陳述的認識論地位的論點。它主張倫理知識可透過直接的意識或必然的洞見而得知。

30.ethics, normative　規範倫理學：倫理學的一種類型，通常與元倫理學相對。它的中心關切不是道德概念或道德方法，而是實質性的道德問題。它的基本目標在於確定道德原則和規範是什麼，這些原則指導道德行爲者去確立道德上正當的行爲，並提供解決現存的倫理分歧的方法。

31.*êthos*　品格：希臘詞，品格、氣質，出自ethos（習慣、習俗）。êthos與ethos不同。亞里士多德將arête（德性或卓越）劃分爲兩個部分：理智的德性和品格的德性（ethika arête），後者一般被譯爲「倫理的德性」。根據亞里士多德的觀點，ethos（習慣）對於我們獲得ethika arete（倫理的德性）是至關重要的。

32.etiquette　禮節：支配社會行爲的規範和假言命令，它是透過口頭的傳統而不是成文的規則繼承的，並體現在一個共同體內的社會生活的幾乎每一個方面。

33.eudaemonism　幸福論：源自希臘文eudaimonia，意思是幸福或健康。這種倫理學觀點認爲幸福是一種特性，據此所有內在善都是好的，而且我們所有的理性行爲最終都可證明是正當的。因此，我們應把幸福作爲最終的生活目標去追求，並爲了幸福而從事其他一切事情。

34.eudaimonia　幸福：希臘詞，該詞由eu（好）和daimon（神靈）組成，字面意義爲「有一個好的神靈在照顧」，意指人類總體的善。

35.fairness　公平：平等、合比例和公正的對待，是涉及到財物和義務分配的體制的一種德性。

36.final good　終極善或至善：終極善的概念在古代倫理學體系中是根本性的。每個行爲都是爲了追求一個目的，而這個目的對於行爲者而言是善的。對某些善的追求自身是爲了更高的善，因此有一個善的等級體系。由此推論，必定有一種單一的善，它由於其自身之故而被追求，而其他的善都是因它的緣故而被追求。這個單一的善是終極性的（或最好的、最高的）善，也稱爲最終目的。

37.formalism（ethics）　形式主義（倫理學的）：該理論認爲，決定人在道德上是否應當履行或避免一定的行爲，一個人不應當注意行爲本身的性質，而應當構建一套非常抽象的道德原則和法則；這些原則和法則可以普遍地應用，並不考慮具體的人和倫理問題在其中產生不同的環境。

38.generalization principle　普遍化原則：這一原則提出，對一個人是正確的東西，對處在相應類似情況下的每一相應類似的人也必定是正確的。這一原則在精神上與「金規」或康德的絕對命令相類似。

39.golden rule　金規：這個規則在西方文化中起源於《聖經·馬太福音》（7.12）中的耶穌。它的最一般的表達是：「你要對待他人如你願他人待你一樣。」

40.good will　善良意志：康德的術語，指一種會做出道德上值得稱讚的選擇的自我意識傾向。

41.the greatest happiness principle　最大幸福原則：這條原則提出了古典功利主義的核心思想。根據這條原則，如果一個行爲給有關的最大多數人帶來了最大幸福，這個行爲就是道德的，最大幸福意味著最大的快樂和最小的痛苦。

42.hedonism, ethical　倫理快樂主義：它主張快樂或幸福是生活中最高的和最內在的善，人們應追求儘可能多的快樂和儘可能少的痛苦。

43.impartialism　公正無偏：在各種利他主義道德理論，尤其是康德倫理學中反映出的一種傾向。它倡導道德思考應脫離各種形式的不公平和自私自利的觀點，並強調道德理性的普遍化。

44.imperfect duty　不完全義務：康德做出了完全義務和不完全義務的區分。完全義務是在任何情況下都必須完成的義務，而不完全義務是一種可以根據環境權衡的義務。

45.judgement of obligation　義務判斷：一個告訴我們做什麼是對的或我們應該做什麼的判斷，例如「騙人是不正當的」。這些判斷是與我們的行爲直接相關的，它與價值判斷是相對立的，價值判斷不是直接與我們的行爲或行動相關的，而是涉及到人和動機。

46.meta-ethics　元倫理學：與研究實質性倫理問題的規範倫理學不同，元倫理學一般被認爲是研究倫理學本身的。其主要成分包括對倫理學性質的研究，對關鍵性的道德辭彙進行概念分析，以及對回答道德問題的方法的研究。

47.moral absolutism　道德絕對主義：這個論點是，有一定的道德客觀原則，它們是永恒的、普遍的正確，不論它帶來的後果是什麼，這些原則絕不能被合理侵犯或放棄，這種原則的範例包括「不許殺人、不許撒謊」等等。

48.moral agent　道德行爲者：指任何能夠構建或遵循普遍的道德原則和規則的人，他或她有著自律意志，能最終決定應履行和不應履行什麼行爲的人。

49.moral atomism　道德原子主義：指那些把個人以及個人的權

利、價值或利益作爲思考道德對錯的基礎的理論。它與道德整體主義相對立，後者強調終極價值在於系統而不在於組成系統的個人。

50.moral law　道德法：對於康德來說，一切道德法則都是原則或準則，但並非所有的原則或準則都是道德法則。道德法則是理性存在者按照它來行動並願意把它作爲一切理性存在者的準則的準則。

51.moral luck　道德運氣：指的是一種現象，即我們的行爲在道德上的好與壞僅僅依賴於機遇。

52.moral patient　道德被動者：一種道德身分，與道德行爲者相對。如兒童和腦損傷者。道德被動者缺乏使他們能夠控制他們自己行爲的先決條件，即使他們在道德上能對他們所做的負責。

53.moral psychology　道德心理學：倫理學的一個實質性部分，它涉及到那些與道德行爲有重大關係的心理現象的結構和現象學的分析。

54.moral realism　道德實在論：它相信，道德事實或倫理性質諸如好與壞、善與惡，是不依賴我們的信念和意志而存在的，並認爲倫理學應當發現有關它們的眞理。

55.moral reason　道德理性：實踐理性的代表形式，一種引導一個人做出道德判斷和指導一個人的道德行爲的思維。

56.moral sense　道德感：類似於美感，道德感被認爲是直覺性的、無利害關係的官能，它使我們能夠從我們所感覺到的東西認識到諸如好與壞、德性與惡的道德性質。

57.motive utilitarianism　動機功利主義：功利主義的一種形式，它將功利原則直接應用於行爲的意向，間接地應用於行爲。

試圖將倫理學的思考從傳統功利主義的以對行爲的道德評價爲中心，轉換爲對產生行爲的動機評價爲中心。

58.natural law　自然法：在倫理學上，自然法的信奉者們認爲：(a)人類世界存在著自然的秩序；(b)這種自然秩序是善的；(c)因此人們絕不應該違反這個秩序。

59.naturalistic ethics　自然主義倫理學：在寬泛的意義上，它主張倫理陳述是經驗的或實證的，必須根據人類的自然傾向來理解，無需神秘的直覺或神靈的幫助。

60.naturalistic fallacy　自然主義謬誤：摩爾認爲善是單純的、不可定義的，而無論怎樣試圖給善下定義都是錯誤的，試圖用自然對象給善下定義尤其錯誤。摩爾把給不可定義的善下定義的企圖稱爲「自然主義的謬誤」。

61.noncognitivism　非認知主義：也稱「非規定主義」，一種元倫理理論，它否定我們能夠透過直覺而得到道德知識，也否定倫理陳述能夠解釋爲可爲觀察或歸納推理證實的科學陳述。它主張倫理辭彙不指涉屬性，倫理判斷不能用來表達事態，因而說不眞也不假。

62.nonnaturalism（ethical）　非自然主義（倫理學的）：與倫理學的自然主義相對，它主張，倫理辭彙不能訴諸自然辭彙而下定義，倫理特性是非自然特性，是不可觀察和不可爲科學解釋的。

63.paternalism　家長制：在倫理學中，它意爲某人干涉另一個人的自由，而相信他這樣做正在促進他所干涉的那人的善，即使這個行動引起了那人的反對。

64.pluralism　多元論：道德多元論相信，不同的道德理論都只是部分地抓住了道德生活的眞理，但是沒有哪一種理論給出了完整的答案。

65.prescriptivism　規定主義：爲黑爾在他的《道德語言》和《自由理性》所發展的一種道德理論。據此，道德哲學的主要任務是闡明道德辭彙和陳述的性質。

66.*prima facie* duties　顯見義務：這個概念爲W. D. 羅斯在他的倫理學著作中進行闡發的，指相對於不同場合的義務，與絕對的義務，即在任何情況下都應履行而沒有例外的義務相對。

67.principle of utility　功利原則：也被稱爲最大快樂原則或最大幸福原則。它是功利主義的核心觀點，由邊沁首先系統提出。功利原則主張我們應根據一個行爲所產生的結果來判斷它的道德價值。

68.psychological egoism　心理利己主義：這個觀點認爲，人出於本性追求他們認爲是他們的自我利益的東西，故人在本性上是利己的。

69.public morality　公共道德：它是這樣一個領域，在這個領域中，人們行爲的準則是由法律所強制的，違反這一道德法規將根據刑法而受到制裁。

70.rule utilitarianism　規則功利主義：與行爲功利主義相對立的一種功利主義，在這一形式中，用來評價功利的是一般規則而不是行爲，從而將所關注的問題由個人轉向習慣和風俗。

71.sentience　感受性：是指體驗快樂和痛苦的能力。由於功利主義的基本道德原則是將快樂最大化和將痛苦最小化，所以邊沁建議，道德考慮的基礎應是感受性而不是理性或語言。

72.teleological ethics　目的論倫理學：這種理論認爲，一個行爲的道德價值是由行爲所實現的一定的目的、結果來決定的。

73.utilitarianism　功利主義：爲邊沁、密爾、西季威克和其他許多人所發展的一種主要的現代倫理學理論。寬泛地說，這個理論認爲，一個行爲的正當與錯誤是爲它所產生的善的、發的或壞的、惡的結果所決定的。

74.utilitarianism, act　行爲功利主義：這種理論依據行爲本身所產生的後果的善與惡來判斷道德行爲的有效性，所以我們應追求在每一種環境條件下能產生最大快樂的行爲。

75.utilitarianism, ideal　理想的功利主義：W. D. 羅斯的術語，指爲摩爾所倡導的一種功利主義，摩爾不是把快樂，而是把諸如知識和對美的對象的享受等看作是對結果的善具有決定性的事情。

76.utility　功利：有用的或好的並帶來快樂或幸福的東西。

77.value, intrinsic　內在價值：在一般意義上，內在價值指的是一個事物在正常情況下對於多數人具有的價值。

78.virtue ethics　德性倫理學：把德性看成是主要的倫理理論，它提出倫理學的中心問題「我應該怎樣生活」可以建構爲「我應該是哪一種人？」，它的目的在於描述在一定的文化或社會之中受到敬重的品格類型。

79.well-being　好的生活：爲了把握柏拉圖和亞里士多德稱之爲「幸福」（eudaimonia）的特徵，某些哲學家寧可用「好的生活」而不用「幸福」，它強制eudaimonia作爲一種滿意的狀態，不是某一時某一天，而是一個人一生的事情。

後　記

這本書是爲所有關注「倫理學是什麼」、「願意反省道德問題」的讀者寫的，它注意了兩個方面的內容，一是介紹知識：即介紹了倫理學學科的基本概念和主要原理，以及中外哲學史上一些重要的倫理學流派和哲學家的觀點；二是分析實例：其中包括對一些最近現實生活中發生的材料和例證進行分析，這些分析也融入了我近幾年講授「倫理學導論」和「應用倫理學概論」課程中的一些經驗和體會（可參見書中「老師」的看法）。

但更重要或者說我最希望的是在本書中始終推崇一種獨立思考和深入反省的精神——包括對本書提出的觀點進行反省和批評，因爲這些觀點並不想成爲獨斷的教條。本書的作者願和讀者一起共勉：過一種有「思」的生活，過一種有「德」的生活。這樣的生活是値得活的。

這本書也是一種使倫理學原理生動和通俗化的嘗試，但有些地方的敘述可能還是失之艱澀。我只能自我辯解說：任何知識的學習都是需要付出努力和代價的。並且，這也許使它不僅可以作爲個人的讀物，也可作爲切磋和討論的材料，乃至作爲教材來使用。我希望同學們有機會的話，能自己結合倫理學理論對本書提供的幾個例證進行分析和討論，例如第一章第三節「偷錢爲兄繳學費」的實例、第三章第一節「海上救生」的例證、第六章第二節「少年凶手自述」的例證。

我在本書中所表達的實質性倫理學觀點，與以前沒有大的不同，即它們基本還是表現在我以前的倫理學著作《良心論》、《底線倫理》等書中的觀點，其最簡略的概括可見《底線倫理》中〈一種普遍主義的底線倫理學〉一文。本書大致遵循了這些觀點，也適當採用了以前的一些敘述，這主要見之於後面的幾章：第四、五、六和九章，但本書的大部分內容都是新寫的。

我在去年八月之後，因為腰部手術恢復較慢，且有反覆，一直不太能坐著工作。我曾嘗試過用口述的辦法，但效果不甚理想；也曾提供材料，請一些同學試寫一些章節，也不是很成功。所以等到身體好些，還是自己動筆，其中有不少內容是躺在床上寫出來的。

我要感謝盧華萍、孔美榮、趙正國、朝日圖、葛四友等同學在協助我於病中寫作初稿時的幫助，她（他）們分別試寫了一些章節，雖然最後的書稿只採用了其中個別敘述和例子，但她（他）們的工作還是給了我寶貴的支持。我還要感謝趙麗君同學在一次倫理學課期末考試提交的論文中有關「兇手自述」的例證和分析（見第六章第二節），以及兩年前一位不知名的、向我提供「海上救生」素材希望進行分析的同學。

當然，如果不是楊書瀾女士近兩年來不斷地熱情催促，我很可能會放棄寫這本書，她的工作精神令我感動。

何懷宏

二〇〇二年三月十五日

人文社會科學叢書 1

倫理學是什麼

著　　者／何懷宏
出 版 者／揚智文化事業股份有限公司
發 行 人／葉忠賢
總 編 輯／林新倫
執行編輯／閻富萍
登 記 證／局版北市業字第1117號
地　　址／台北市新生南路三段88號5樓之6
電　　話／(02)2366-0309
傳　　真／(02)2366-0310
網　　址／http://www.ycrc.com.tw
E-mail／book3@ycrc.com.tw
郵撥帳號／14534976
户　　名／揚智文化事業股份有限公司
法律顧問／北辰著作權事務所　蕭雄淋律師
印　　刷／鼎易印刷事業股份有限公司
ISBN／957-818-428-X
初版一刷／2002年10月
定　　價／新台幣300元
＊本書如有缺頁、破損、裝訂錯誤，請寄回更換＊

國家圖書館出版品預行編目資料

倫理學是什麼 = What is ethics? / 何懷宏著.
-- 初版. -- 臺北市：揚智文化, 2002[民
91]

面； 公分. -- (人文社會科學叢書；1)

ISBN 957-818-428-X (平裝)

1. 倫理學

190 91013140